「はたらき」と「つとめ」の哲学

朱子：『职』的哲学

〔日〕木下铁矢 著
凌鹏 译

Simplified Chinese Copyright © 2022 by SDX Joint Publishing Company.
All Rights Reserved.
本作品简体中文版权由生活·读书·新知三联书店所有。
未经许可，不得翻印。

SYUSHU: HATARAKI TO TSUTOME NO TETSUGAKU by Tetsuya Kinoshita
© 2009 by Tetsuya Kinoshita
Originally published in 2009 by Iwanami Shoten, Publishers, Tokyo. This simplified Chinese edition published 2022
by SDX Joint Publishing Co., Ltd., Beijing
by arrangement with Iwanami Shoten, Publishers, Tokyo

图书在版编目（CIP）数据

朱子："职"的哲学／（日）木下铁矢著；凌鹏译.—北京：生活·读书·新知三联书店，2022.1
（古典新读）
ISBN 978-7-108-07228-3

Ⅰ.①朱…　Ⅱ.①木…②凌…　Ⅲ.①朱熹（1130-1200）－哲学思想－研究　Ⅳ.① B244.75

中国版本图书馆 CIP 数据核字（2021）第 168306 号

责任编辑	赵庆丰
装帧设计	薛　宇
责任校对	陈　明
责任印制	张雅丽
出版发行	生活·讀書·新知 三联书店
	(北京市东城区美术馆东街 22 号 100010)
网　　址	www.sdxjpc.com
图　　字	01-2017-6497
经　　销	新华书店
印　　刷	河北鹏润印刷有限公司
版　　次	2022 年 1 月北京第 1 版
	2022 年 1 月北京第 1 次印刷
开　　本	850 毫米 × 1168 毫米　1/32　印张 5.25
字　　数	108 千字
印　　数	0,001-5,000 册
定　　价	39.00 元

（印装查询：01064002715；邮购查询：01084010542）

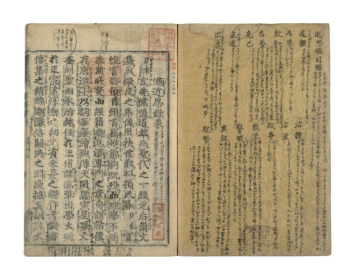

朱熹、吕祖谦《近思录》书影
日本宽永年间古活字版,日本国立国会图书馆藏

目　录

序　言　/ 1

第一部分　书籍的旅程
朱熹，其生平与思考的现场

第一章　朱熹的生平　　/ 11
第二章　朱熹生活的时代　　/ 34
第三章　"职"与"理"　　/ 60

第二部分　畅游作品世界
《四书集注》中所见的哲学图景

第四章　读"天命之谓性"的注解
　　　　——《中庸章句》所见　　/ 79
第五章　读"明明德"的注解

　　　　——《大学章句》所见（一）　/97
第六章　读"格物"的注解
　　　　——《大学章句》所见（二）　/117

参考文献　/157
代跋　短短的回忆
　　　——怀念木下铁矢先生
　　　　（附：翻译说明）　凌鹏　/161

序 言

现在还没有以"朱子"为标题的书籍。不过"老子"和"孙子",既能用来称呼人,又能作为因该人所成书籍的标题,若以此为准的话,似乎也可以设想一本以"朱子"命名的书籍。

说起来,朱子的"子"字,与"老子""孔子"等的"子"字一样,都是对于男子的尊称,可以翻译为"老师"或者"尊师"。它指的是后辈学者从景仰之心中生发出来的敬意。这些私淑前人的后辈学者对于该人所留下来的杰出教诲,以及对传达这一教诲的精彩文辞都抱有崇敬之情。由此,与"老子""孙子"等称呼类似,当后辈学者叫出"朱子"这一称呼时,原本也意指由朱子而来的那些精彩文辞的总体。

在这种敬仰之情中,"朱子"一词,也与"孔子"或者"老子"一样,成为后辈学者思考的规范、判断的基础,以及行动的标准,可谓创造了一个时代。

因此,经常说到的朱子学,是指那些敬仰朱子的后辈学者以朱子留下的文本为基础,所进行的思考、判断与行动的事业。也就是说,这是敬仰朱子的后辈学者所从事的学问,而不是生活在南宋时代的朱熹（姓朱，讳熹）本人所从事的"学问"。朱熹本人其实并不是朱子学学者。

"朱子"这一称呼一直包含一种价值评价，即意味着由朱子而来的文本已经被当成了卓越的古典。在过去确实如此，不过在日本明治之后的知识潮流中，近代之前受到尊敬的权威（特别是中国的权威）成了被批判、被克服的对象。受此影响，"朱子"这一称呼也被剥夺了卓越的古典光环。现在，"朱子学"这一用语，毋宁说已经转变成了对于坏的意识形态的一般称呼。于是，便出现了如下的问题："在当今日本，朱子是否仍是需要阅读的古典呢？"

一般能听到的是如下观点：简单来说，"朱子"的言语和思想，是在封建身份秩序的漫长岁月中，用以增强秩序再生产的意识形态。更直白点儿，它是近代"自由"出现之前的、必须被克服的封建思想，是没有人类世界现实基础的"形而上学"的"空论"，是利用非现实的大义名分来驱使国家走向灭亡，并且阻碍东亚文化圈中科学知识发展的意识形态。

以上的观点，是在综合了丸山真男以及司马辽太郎两人关于"朱子学"言论之后的表述。（参见丸山真男著、松泽弘阳编《福泽谕吉的哲学》，岩波文库；司马辽太郎《这个国家的形态》（三），文艺春秋。）

若依据这一批判，则"朱子"仅仅是"负面遗产"而已，根本不值得称为"古典"。在当代日本，丸山真男所著《日本政治思想史研究》被称作划时代的名著，而司马辽太郎也被宣传为国民作家和思想家。那么，可以认为以上所说的便是现在对于

"朱子"以及"朱子学"的一般印象吧。

在此,我想做一个区分,即"朱子"和"朱熹"的区分。在过去,作为杰出文本的"朱子",是人们阅读和解释的对象,且在各个时代都作为"古典"发挥着中心作用。人们口中所称的"朱子学",即是以"朱子"为基础文本而在其上构筑出来的"学问"。另一方面,"朱熹"是在南宋时代,主要生活在现今福建省北部地区的一个人物。实际上,"朱子"这一词语模糊地含有以上两方面的含义,是使两者相互联系在一起的意义混合体。本书将以"朱熹"来指称历史上的实际人物,从而避免"朱子"这一词语所带来的混乱。

在此还想到的是,丸山真男与司马辽太郎两人,大概没有读过在本书第一部分第一章中即将介绍的朱熹《社仓记》一文。他们都没能深入理解作为历史人物的朱熹之生平,也无法理解其生活的现场,亦即时代与历史交错的现场。

本书所希望做的,并不是以朱子学的观点来阅读被尊称为"朱子"的言语和文本,而是从一个"人"的角度,从在具体时代与历史中经历了生死的"朱熹"的视角来重新理解他。在被称作朱熹的人物生平与生活的现场,在那个时代与历史交错的现场中,进而从当时现成的言语活动的现场出发,来重新理解"朱子"。

在本书第一部分第一章中,将会切合着朱熹的生平来展现他所生活的现场,以及时代的现场。在此特别希望读者能够熟读其

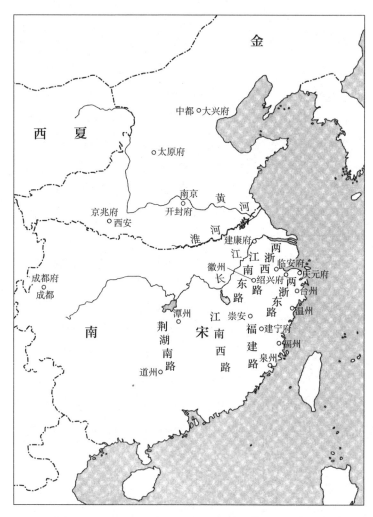

图1 朱熹生活时代的南宋全图。据谭其骧主编《中国历史地图集·宋、辽、金时期》(中国地图出版社,1996年)绘制

中翻译的[1]朱熹原文，在其后的章节中也是如此。而且，绝不能将其仅仅看作是近代之前的人所写的东西，或者是脑袋坏掉了的道学家所写的空疏"美文"。相反，这些原文其实是朱熹等人立足于当时的现实，经过严肃思考而写下来的文字。在此希望读者能够直接体会到朱熹等人敏锐的洞察力，这也是本书作者最迫切的愿望。

在第二章中，将会指出朱熹生活的时代所面临的问题及其可能性。而在第三章中，将会介绍在面临这些问题与可能性的时候，是怎样的言语与思想的历史脉络影响到了朱熹的思考。

在本书第二部分中，将会切合着对《四书集注》的文本分析，来探明存在于朱熹生活中的言语活动的现场。这一现场，同样交错着时代与历史。

在写作第一部分、第二部分时，作者会将一直以来经由不断简单重复而形成的、对于"朱子"的传统"读法"拆解掉，同时将"朱子"这一文本重新放回到"朱熹"这样一个生命的现场、时代的现场中去理解。

因此，本书是要将因"朱子学"或"朱子学"研究的不断重复而造成的旧"读法"进行拆解。下面，作者简单论述本书即将展开的新"读法"。

在当代的日本，当对帮助他人的人说"你真了不起"时，被称赞的人往往会答道"哪里哪里，这是作为人的当然之事"，或者说"我只是尽了为人的职责（つとめ）"。这些难道也是为了增

---

[1] 本书翻译过程中，为了更加符合中国读者的习惯，引用了朱子的原文，并加上著者木下铁矢先生的解释，放在引文的括号中。——译者注

强江户时代的封建式身份秩序，是保守的"名分"之思想的残留物吗？……因为说起来，"当然之事（当然事）"这一表述便见于朱子的文本中，而若说到"当然"一词，则更是朱子文本中频繁出现的关键词。在"作为人的当然之事"以及"为人的职责"这些言辞中包含的伦理感情，实际上正是朱熹哲学在后世的余音。而他用尽一生在其时代中创造出来的哲学，正是确认了人作为人有着由"天地（自然）"所赋予的责任这一点。

朱熹的思考在当时最大的敌手，是被归于佛教的虚无主义哲学。据佛教所言，在此世活着便只有苦。说到底，人存在于这个世间本身，便没有任何意义。认为有"我"存在的想法，本身便是幻想，因此也不存在由于"我"生存于这个世间而产生的所谓责任。而伴随责任而来的不断努力，从根本上也便丧失了一切意义。所有的一切都只是遥远的梦而已。

但是朱熹认为，以上看法绝对是错误的。他认为，在人的身上有着"生育万物（即群生）的天地（即自然）"所赋予的责任。这一责任也是被赋予"万物"的公共责任。这一责任的具体内容是指，"万物"都要在自身身心的功用（はたらき）中，彻底地实现在其生育之初便由"天地"所赋予的"明命／明德（亦即生命）"。

将被赋予的"生命"充分地实现（活）出来的责任，可以说是由所谓"自然"所赋予的。只要人活着，便会在"自然"与"群生"面前被质问"作为人的职责"。

这一点便是朱熹用尽一生思考而得到的结论，也是他展示给那个时代以及遗留给后世的哲学。在朱熹为《大学》《中庸》所做注解的起首处，出现了"理""事""命""性"等关键概念。这些概念也只有在这个哲学的视角与理路之中，才能够得到恰当的理解。

在朱熹生前，便已经出现了对其哲学文本的误读。而对后世影响特别大的，则是明代王阳明的误读。

王阳明也是将自己的哲学建立在"朱子"的文本上。从这一点来看，"阳明学"实际上也是"朱子学"。在朱子学中有一个基本讲法——"格物致知"，对于其中"格物"的"物"，王阳明依据自身的理解，将朱子的本意理解为"外物"，并在这一基础上批判朱子，认为朱子将"物"理解为"外物"是错误的。"格物致知"是从"四书"之首的《大学》中摘引出的词句，而在朱熹的《大学》注解中，对于"格物"的"物"，他明确表示应该理解为"事"的含义。但是在王阳明一生对于"格物"的理解中，似乎都没有注意到朱熹这一最基本的解释。

不论如何，由王阳明所导致的"朱子"的误读，其影响甚至波及了现在的"朱子学"研究者。当然，现代研究者大都会引证朱熹对"格物"的解释，即将"物"理解为"事"。但是，他们却大多又将"事"翻译为现代日语中包含有"事"字的二字词语，例如"事物"或者"事象"。本书第二部分将详细讲述，在朱熹用词的语境，以及在他所依据的传统经书注解的语境中，"格物"的"物（即事）"字都是指"职"，用现代日语应该翻译为"职务条规"（職務条項）或者"工作"（仕事）。现代的"朱子学"研究虽然遵从朱熹的指导，将"物"读为"事"，然而却又将"事"误解为

"事物""事象"等被人观察到的个别的客观对象,即走向了王阳明等所说的"外物"的错误方向。这一误读构成了现代"朱子学"研究的基础。

正是基于以上看法,笔者认为朱熹的文本是值得重新阅读的"古典"。不知道读者诸君以为如何。

第一部分

书籍的旅程 朱熹,其生平与思考的现场

第一章 | 朱熹的生平

在朱熹生活的南宋时代,记录事件与时代的文章技艺已经发展到了成熟阶段。本文将从朱熹自己的文章以及同时代其他人的记录出发,一窥朱熹的生平。

互助网络的守护——朱熹的父亲朱松写给岳父的书简所见

以下是由朱熹的父亲朱松写给其妻子祝氏的父亲,即朱松的岳父、朱熹外祖父祝确的信件,写作时间为南宋建炎四年(1130)。

朱松的本籍是徽州婺源县万年乡松严里,即现在江西省东北部的婺源县。朱松于北宋绍圣四年(1097)闰二月出生于松严里,政和八年(1118)就任福建路建州政和县(福建省北部政和县)的县尉。数年后,北宋的首都开封城遭到金军的包围,很快北宋便灭亡了,太上皇徽宗、皇帝钦宗以下包括皇太子、后妃等人,连同宫中的财宝等,都被掳去了北方。靖康二年(1127)四月到五月初一日，徽宗的第九子康王即皇帝位，再兴宋国，改年号为"建炎"。此时，朱松31岁。北宋灭亡南宋再兴，而在金军的猛攻下，赵构麾下的诸军团中依然弥漫着不安的气氛。在朱松写作该信的前一年，即建炎三年（1129）三月，有一部分军团发动了武装政变，迫使高宗不得不暂时退位。该年四月，高宗复位。但就在十月份，金军越过扬子江，打到了临安府（现在的杭州市）、越州（现在的绍兴市）与明州（现在的宁波市），并于建炎四年一月十六日占领了明州，高宗在间不容发的情况下逃往海上。这一书信便很好地传达了南宋初期的此种混乱状况。此时，朱松34岁。

收信人祝确是徽州歙县人，为当地名门。朱熹的母亲祝氏便是其女，生于元符三年（1100）七月。政和七年（1117），祝氏18岁时嫁给了当时21岁的朱松。朱松写作这一书信时，祝氏31岁。祝氏虽然生育了三个男孩，但前两个都在幼时夭折，只有最小的朱熹长大成人。

松奉娘子幸安。小五娘（朱熹的母亲祝氏的小名）九月十五日（1130年10月18日）午时免娠，生男子，幸皆安乐。

自去年十二月初在建州权职官，闻有虏骑（金军）自江西入邵武者，遂弃所摄，携家上政和，寓垄寺（未详）。五月初间，龚仪（即官仪）叛兵（原知济州府，即济州府知事官仪的副将杨勋所帅叛军）烧处州，入龙泉，（由于叛军可能会沿路来袭政和县，因此）买舟仓皇携家下南剑，入尤溪，而某自以单车下福唐见（福州知事，兼福建路安抚使）程帅（程迈。帅是指安抚使。朱松的母亲程氏，程迈可能是母亲一方的姻戚)。

在福唐,闻贼兵破松溪隘(进入政和方面),骎骎东下(原文为东下,按地图方位似应为西下),已入建州,攻南剑甚急。(由于留在尤溪县家人有危险)又匆匆自间道还尤溪。

六月十四日(1130年7月2日)早到县,而贼兵已在十数里(六七千米)外矣。幸二舍弟(朱松的弟弟朱柽与朱槔)已搬家深遁,是日即刻与县官(县的长官刘正)同走至家间所遁处。贼在延平(南剑州剑浦县)为官军所破,猖狂自山路欲遁下漳泉,至此非其本心也。过县更不驻,不甚害人,亦不纵火。家中上下幸皆无恙,而随行及留寓舍中衣服文字之类,皆无所损失,比他人尤幸也。

七月间方还县,而瓯宁土寇范汝为者出没建、剑之间,其众数千,官军遇之辄溃。诸司不免请官诏安,已还状受犒设,将散其众。无何,大兵自会稽(越州,现在的绍兴市,高宗当时驻跸于此)来,(无视慰抚的成局)必欲进讨。昨日方报,大兵冒昧入贼巢,丧失数千人,贼势又震。

大略自今夏以来,未尝有一枕之安。此怀如何!

(《朱文公续集》卷八,《韦斋与祝公书跋》)

根据朱松这一信件,妻子祝氏于建炎四年七月回到尤溪县的亲戚家中,在当地生下朱熹。期间,朱松一家带着怀有身孕的妻子,在福建的山间地带逃难,最终回到了尤溪县。不过抵达之后,又遇到了附近土寇出没的情况。正是在这前途未卜的不安日子中,朱熹出生了。

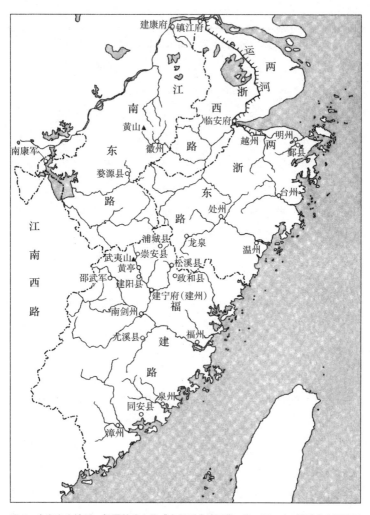

图2 朱熹出生地图。据谭其骧主编《中国历史地图集·宋、辽、金时期》(中国地图出版社,1996年)绘制

这封信充分展现了朱熹所出生的那个困难时代。不过同时，大概也可以看出在此危机中，还存在着鼓舞人心并支持着整个家族的互助网络。正是这个网络在金军、叛兵、土寇的来袭之中，支撑着到处逃难的朱松一家的生活。据束景南《朱熹年谱长编》中的考证，朱熹出生的地点是尤溪县县令郑德与之父郑安道的南溪别墅。据说朱松尊郑德与为老师，对其很是敬爱。正因为有这一交游的缘分，所以才来此投靠。朱熹正是在这一互助网络的守护下诞生的。

母子家庭中的长男——罗大经《鹤林玉露》所见

朱松最初的任职地是福建路的政和县。此后，其家庭的生活地也始终在福建路。绍兴十三年三月廿四日（1143年4月10日），朱松去世，地点在建州城南的寓舍。去世时，朱松为47岁。当时朱熹虚岁14岁，实际年龄则是12岁零五个多月。以朱松为家长的这个家庭，原本就是离开了父祖所在地而寄身于任职地的小家庭。此时，由于父亲朱松的去世，小家庭更是陷入了失去依靠的境地。

不过，此时也还有坚强的互助网络，支撑着这个母子家庭以及朱熹的生活。朱松在临死前嘱咐朱熹，要他在平日里师事自己所敬畏的三位友人，这三人便是胡宪（籍溪先生）、刘勉之（白水先生）与刘子翚（屏山先生），都住在建州崇安县。而且朱松还亲自给这三位先生写信,将朱熹托付给他们。对于小家庭的未来,朱松同样也将其托付给在崇安县居住的刘子翚的兄长刘子羽。

刘子羽是刘韐的嗣子,与朱松同年出生。靖康元年(1126),当金军迫近开封时,刘韐时任京城四壁守御使(即首都防备司令官),随后作为讲和使节的一员前往金营,拒绝了金国希望他留下来做高官的劝诱,最终自缢殉国。在南宋初期,刘子羽曾担任川陕宣抚处置使(四川、陕西方面总司令官)张浚的幕僚,在南宋国对金国西部战线的确定和维持之中发挥作用,其后就任沿江安抚使、知镇江府等重要职位,最后因为违逆了宰相秦桧,回到崇安地方。

与朱熹晚年有所重叠的罗大经,在其《鹤林玉露》中记载了朱松死后朱熹一家的生计状况。

> 初,文公之父韦斋疾革,手自为书,以家事属少傅。韦斋殁,文公年十四,少傅为筑室于其里,俾奉母居焉。少傅手书与白水刘致中云:"于绯溪得屋五间,器用完备,又于七仓前得地,可以树,有圃可蔬,有池可鱼,朱家人口不多,可以居。"文公视卓夫人犹母云。

自父亲去世到参加科举为止的四年多时间中,朱熹跟随三位老师发奋学业。而且在刘子翚的门下,还与临济宗的名僧大慧宗杲的弟子道谦禅师等人交往,开始亲近佛教和道教。不过因为是

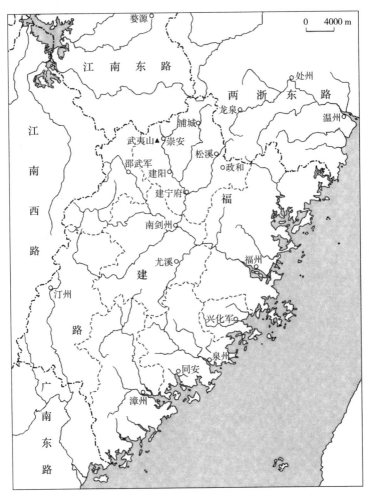

图3　南宋时期的福建省。据福建省地方志编纂委员会编《福建省历史地图集》(福建省地图出版社，2004年，第一版)

在远离父祖之地的崇安县侍奉母亲,且在当地的望族刘氏庇护下生活,朱熹心里似乎也感到些许痛苦,所以才有向叔父朱槔诉说苦衷的信件。

绍兴十七年(1147)秋,朱熹通过了科举的第一阶段"州试",身边突然就热闹了起来。翌年春天,朱熹迎娶了刘勉之的长女刘清四,为参加第二阶段的省试而前往临安府。该年四月份,朱熹通过了最终的"殿试"考试,获得了"同进士出身"的资格。

获得科举的下等席位——《绍兴十八年同年小录》所见

《绍兴十八年同年小录》,是朱熹所参加的绍兴十八年(1148)殿试的记录。在此介绍其中涉及朱熹的部分。下面是束景南的《朱熹年谱长编》中认为可信度最高的文本。

五甲第九十人,朱熹,字元晦,小名沈郎。小字季延。年十九,九月十五日生。外氏祝偏侍下(双亲只有一方在世),第五二(排行)。兄弟五人。一举(第一次参加科举即合格)。娶刘氏。曾祖绚,故(已经去世),不仕。祖森,故,赠承事郎(文官的一种官位,正八品)。父松,故,任左承议郎(从七品)。福建(路)建阳县群玉乡三桂里,自为户。

在户籍的部分,"群玉乡三桂里"是采用了妻子刘氏的老家籍贯。有"自为户"一句，说明这时登记为朱姓一家的户主便是19岁的朱熹自己。

类似的个人记录在《同年小录》中一共有331条。在超过40岁人的记录中，确实大量出现"自为户"的记载，但是在更小的年龄段中则很少出现。从年龄来看，19岁的朱熹，是年纪最小的"户主"。其后是23岁合格者，共有9例，其中有1例是"自为户"。24岁合格者12例，其中有3例"自为户"。26岁合格者19例，其中有4例"自为户"……其后大体类似。在这个年龄段，绝大部分的例子是"父"或者"祖（祖父）"为户主。也可以看到已死的"曾祖"，或者上溯四代的"高祖""高伯祖"为户主的情况，甚至也有以"弟"为户主的，这恐怕是为了免除徭役负担而登记为"官户"的例子。可以说，朱熹在19岁时就成为户主，这是一个稍稍值得注意的事情。

在这次"殿试"的合格者中，由上往下数，第一甲有10名，第二甲有19名，第三甲有37名，第四甲有122名，第五甲有142名。朱熹的位次是330名进士中的第278位。不过从尚属弱冠的30名合格者来看，17岁1名（这是最年少的合格者），18岁有4名，19岁有5名，20岁有7名……另外在30岁左右第一次参加科举就合格的人占大多数，而超过这一年龄后，则在第二次、第三次时候才合格的例子便增加了。参加科举次数最多的是一位45岁的文人，在第七次科举才合格。而最高龄的文人是64岁，第一次参加科举便合格。合格者最多的年龄是26岁，有19名，其次是48岁，有18名。

虽然与朱熹关系不大，但在这一记录中最值得注意的是，与皇家即与赵氏相关的合格者总计有16名，特别是第四甲的末尾，成排地出现9名第一次科举就合格的赵氏士子。这一点相当不自然。这一记录大概如实地传达了当时科举考试的实情，即相当恣意地安排排名。

无论如何，在五月二十七日，排位第一名的王佐被授予"左承事郎（正八品）"的官位与"签署平江军节度判官厅公事"的职位，第二名的董德元，则被授予"左承事郎"的官位与"签署镇南军节度判官厅公事"的职位（《宋会要辑稿》107册）。不过在这二人以外，没有其他类似记载。像朱熹这一层次"同进士出身"的合格者，并没有被立刻授予官位和职位。

民间活力的发现与实现——《社仓记》所见

"同进士出身"这一层次的科举合格者们，必须要再次接受被称为"铨试"的考试，才能获得实际的官职。绍兴二十一年（1151）三月，朱熹前往临安府参加铨试并合格，被授予左迪功郎（从九品）的官位，并被任命为福建路泉州同安县的下一任"主簿"（为在县中负责治安事务的"尉"服务，负责出纳等文书的职务）。绍兴二十三年七月，朱熹抵达同安县，从前任方士端那里接下了职位，同时也兼主县学。朱熹的官场生涯便从此开始。

不过，自绍兴二十一年朱熹就任官职始，到庆元五年（1199）

引退为止，若通观满打满算这四十九年间，朱熹担任实职的时间其实只有如下几个阶段。

同安县（福建省、泉州的西南）主簿	绍兴二十三年（1153）七月—二十七年（1157）十月
南康军（军是州层次的地方行政单位。江西省北部、庐山东麓下的星子县）知事	淳熙六年（1179）三月—八年（1181）闰三月
提举两浙东路常平茶盐公事	淳熙八年（1181）十二月—九年（1182）九月
漳州（福建省漳州市）知事	绍熙元年（1190）四月—二年（1191）四月
潭州（湖南省长沙市）知事、荆湖南路安抚使	绍熙五年（1194）五月—八月
侍讲	绍熙五年（1194）十月十日—闰十月二十一日
致仕（引退）	庆元五年（1199）四月

通算起来，担任实职的时间还不足九年。在其他时间里，朱熹是担任所谓"祠禄"（道教寺院的管理职，只是名目上的职位，虽然有职禄，但实际上允许安居在家，并不赴任），在崇安县附近家居，专心于学问与教育。不过虽说时间很短，但在职期间，他都全心致力于当地的民政事业，取得了相当的治绩。他也热心地努力实施改革政策，却因遭到反对派的阻拦而惨遭失败。朱熹正是将其于实际的民政现场所获的经验作为宝贵的思考材料，加深对自身所处时代的洞察。

而且在家居期内，朱熹也并非完全不从事公共的活动。毋宁说，在朱熹的意识中，在家乡所从事的学问与教育，也都是与天地万物之命运相关的公共的活动。而且，所谓与天地万物之命运相关，绝不意味着对于高远的哲理的追求。简单说来，这也涉及公共实践课题的活动，即应该如何做才能振兴自身所处的当下的地域社会。

朱熹在这一时期感受到的社会气息，可以说是朱熹思想的关键处，即在自身所处的现实中看到了理想之芽。但朱熹自身明确意识到这一气息的时间，据推测大概是在他39岁那年，即乾道四年（1168）到五年之间。朱熹自身大概是通过在家乡崇安县创设"社仓"的活动，才意识到了此点。

在此，作者依据朱熹自身记录的文献来介绍"社仓"创设的过程。这一文献便是明代嘉靖十一年（1532）刊行的《晦庵先生朱文公文集》（"晦庵"是朱熹所建草堂的名称。"文"是谥号。据此，朱熹被称为"晦庵先生""文公"）卷七七中所收的题为《建宁府崇安县五夫社仓记》的文章。文章的写作日期是淳熙元年（1174），当时朱熹为45岁。但在被推定为淳熙十六年（1189），于朱熹生前刊行的《晦庵先生文集》"后集"卷七中收录了同一文章，题为《社仓记》。在此主要是以后者，即《晦庵先生文集》中的《社仓记》为依据来进行分析。"建宁府"旧为"建州"，在绍兴三十二年（1162），由"州"升格为"府"。而且，所谓"社仓"的"社"便是土地神，是其"庙"，也是其"祭"，而且也可谓是据"庙""祭"所结成的在地共同体"村"和"里"。"仓"便是谷物的仓库。

乾道戊子(乾道四年,1168),春夏之交,建人大饥,予居崇安之开耀乡,知县事诸葛侯廷瑞以书来属予及其乡之耆艾左朝奉郎刘侯如愚,曰:民饥矣,盍为劝豪民发藏粟(粟是谷物的总称),下其直以振之。刘侯与予奉书从事,里人方幸以不饥。俄而盗发浦城,距境不二十里,(担心其中一队是否会来崇安县)人情大震,藏粟亦且竭,刘侯与予忧之不知所出,则以书请于县、于府。时敷文阁待制信安徐公嚞知府事,即日命有司以船粟六百斛(约42立方米)溯溪以来。刘侯与予率乡人行四十里,受之黄亭步下。归,籍民口大小仰食者若干人,以率受粟,民得遂无饥乱以死,无不悦喜欢呼,声动旁邑。

于是浦城之盗无复随和而束手就擒矣。

及秋,徐公奉祠以去,而直敷文阁东阳王公淮继之。

是冬有年,民愿以粟偿官贮。里中民家将辇载以归司,而王公曰:"岁有凶穰,不可前料,后或艰食,得无复有前日之劳?其留里中,而上其籍于府。"

刘侯与予既奉教,及明年复又请于府曰:"山谷细民无盖藏之积,新陈未接,虽乐岁不免,出倍称之息,贷食豪右,而官粟积于无用之地,后将红腐不复可食。愿自今以来,岁一敛散,既以纾民之急,又得易新以藏,俾愿贷者出息什二,又可以抑侥幸、广储蓄,即不欲者勿强。岁或不幸小饥则弛半息,大侵则尽蠲之,于以惠活鳏寡,塞祸乱原,甚大惠也,请著为例。"王公报皆施行如章。

既而王公又去，（乾道九年五月）直龙图阁仪真沈公度继之。刘侯与予又请曰："粟分贮民家，于守视出纳不便，请仿古法，为社仓以储之，不过出捐一岁之息，宜可办。"沈公从之，且命以钱六万助其役。

就这样，以三栋仓库为中心，拥有运营与管理的设施以及门与墙壁的"社仓"，于乾道七年（1171）五月起工，并于八月竣工。

这座社仓的特色在于，这是地方社会为了本地的生计而营建的，用现在的话来说，便是"民间"的经营设施。对于当时由"官"来设置和运营的同类谷物仓库，即以保全地方社会的生计为目的的设施（常平仓和义仓），朱熹认为它们"尚有古法之遗意"（对于常平仓与义仓，将在下一章进行介绍）。在此基础上，他说道：

然皆藏于州县，所恩不过市井惰游辈，至于深山长谷，力穑远输之民，则虽饥饿濒死而不能及也。又其为法太密，使吏之避事畏法者，视民之殍而不肯发。

朱熹所说的，正是"官"主持的公共事业经常陷入的困境。朱熹指出，对于公共事业的公共性的损害来自两个方面，其一是经营者将事业私有化，其二是为了防止前一弊端，又太过苛细严格地规定经营规则，导致经营者忘记事业本来的目的，使其无法发挥有效性。

同样面对这两个问题，由生计艰难的里社之人发起的这项公共事业（即社仓），为何能够成功呢？朱熹继续说道：

> 今幸数公（即建宁府的知事徐嚞、王淮、沈度等）相继，其爱民虑远之心，皆出乎法令之外，又皆不鄙吾人以为不足任，故吾人得以及是，数年之间，左提右挈，上说下教，遂能为乡间立此无穷之计。

此处的"又皆不鄙吾人以为不足任"一句，表明朱熹不拘于自己是在官籍的身份，将自己不看作"官"而是看作"里社之人"。

据写于庆元元年（1195）三月的"常州宜兴县社仓记"（《朱文公文集》卷八十），崇安县五夫里的社仓，自创设以来接近三十年的时间中，一直经营顺利。一开始的六百斛储谷到此时已经增至五千斛，"而岁敛散之里中，遂无凶年"。

五夫里的社仓，可以看作是设置在里社中，并由里社之人经营的谷物融资合作社，是作为保全里社生计的互助合作社而发展起来的。融资合作社得以成立，并坚实发展起来的关键，即在于作为初始谷本的谷物拥有能够循环更新的原动力（即作为动力源的心脏）。这涉及朱熹在乾道四年的冬季所遇到的"是冬有年，民愿以粟偿官贮，里中民家将辇载以归有司"的事件。

从前后文脉来看，"民"商量要将收获的谷物自行运往有司进行偿还，在这一时刻，很可能朱熹与刘如愚也在场，可以推测是由朱熹和刘如愚随后将这一商量结果通知了官府。可以看到，此时的朱熹诸人看到了在"民"之中有主体性伦理感情的发动，即"民"并非将眼下由官府所下发的谷物看作"惠"，而是将其看作"贷"，因此将偿还债务作为当然的义务，决定将谷物运往有司。

朱熹诸人在此见到了"民间"这一种新的活力、新的活动主体的可能性。原本由"官"所收揽、所垄断的"公共"事业，变为由"民间"这种新的活动主体来承担施行。在此基础上，"社仓"的构想方能成立。

颇具意味的是，所谓朱熹思想的"确立定论"，即在朱熹的思想历程中最重要的思想转变，正是在"社仓"构想即将成型的乾道五年（1169）春天发生的。在这个"确立定论"的过程中，到底发生了什么呢？

在此之前，朱熹是将"心"看作"动"（外向的活动状态）的场所，将"性"看作"静"（内向的沉静状态）的场所加以区分，而且将"性"看作是一切活动在发动之前的领域。因此，性是闭锁的，既不能产生认识，也不能进行修养，可以被认为是无从介入的圣域。对此，朱熹在乾道五年的春天进行了反省，认为动与静都是"心"根据"性"（活动的程序）而更替产生的两种"心"的状态。动与静之间不断地往返摆动的"动"（即变化），正是"心"的实相，而保持这一"变化"之规则性的恰恰是"性"。由此可以看到，生生不息变化流行的正是"心"的，也即是"天地万物"的实相。而与他者断绝开来，闭锁在绝对的"静"之中的圣域的存在则被消解掉了。

这一转换，与从官方管理之下藏而不用的"常平仓""义仓"转变为不断循环更新的"社仓"的轨道是一致的，也与将谷物从纳入私有的不动资产，转变为在地域社会的生计活动中不断运动的流动资产的变化相一致，即是从以"物权（所有权）"为基础的静的支配秩序之世界图景转变为以"债权、债务"作为基础的动的信用秩序的世界图景。

这一由"物权"向"债权、债务"的转变，由支配秩序向信用秩序的转变，正是将"社仓"构想变为可能的朱熹所处时代的趋势。对于在朱熹的时代中发生的这一基础性转变，将在次章中进行论述。

韩侂胄揶揄朱熹——《四朝见闻录》所见

绍兴三十二年（1162）六月，南宋第一代皇帝高宗将帝位让给了孝宗，退居德寿宫。淳熙十四年（1187）十月，高宗崩于德寿宫。两年后的淳熙十六年，孝宗将帝位让与光宗，退居重华宫。

不过，光宗很快便陷入了可谓是"心身疾病"的不健康状态。皇后李氏在光宗外出时，将光宗的宠妃黄氏杀害。光宗回宫后得知此事，引起精神症发作。听闻这一消息而赶来的父亲孝宗对光宗进行斥责，更让光宗陷入雪上加霜的悲惨境遇。大概因此形成了精神创伤，光宗懈怠了对父亲孝宗的问候请安。

光宗的不孝行为，带来了朝廷与京城的不安与动荡。孝宗崩于绍熙五年（1194）六月九日的夜半。此前，光宗甚至都没有去探望过病床上的孝宗，这导致朝廷内外都陷入人心恐慌的状态。即使收到孝宗驾崩的消息，光宗依旧躲在内宫深处没有出御。随着时间的流逝，先帝葬礼无人主持的问题愈发严重。七月三日，当时的政府首班、左丞相留正从朝廷出走。五日，在知枢密院事赵汝愚的周旋下，经由太皇太后（高宗的皇后）即宪圣太后吴氏主持的形式，执行了由光宗向皇子嘉王让位的"内禅"仪式。这便是宁宗。

这一"内禅"是以赵汝愚为中心的群臣将宪圣太后推出来发动的，甚至可以称为军事政变。赵汝愚在请求宪圣太后出御以收拾事态时，担当联系工作的便是太后妹妹的儿子，即外甥韩侂胄。

更新后的朝廷最初施行的，即新朝向内外宣示姿态的第一件人事安排，便是将时任潭州知事的朱熹召回朝廷，任命为侍讲（担当皇帝的教育工作，承担进讲）。由于不允许推辞，绍熙五年十月十日（1194年10月25日），朱熹拜受了这一份任命自己为焕章阁侍制兼侍讲的命令。不过到了闰十月二十一日（12月5日），朱熹在接到宁宗所发"方此隆冬，恐难立讲，已除卿宫观，可知悉"的御旨后，便立刻离任了。

在这40余日的任职侍讲期间，朱熹在帝前进讲了《大学》，进言要正皇家、朝廷的纪纲，排除"左右近习"对于政治的参与，结果触犯了身为"近习"，并刚刚开始在朝廷大张权势的韩侂胄等人的忌讳。当时的逸事中有如下记载。此处首先介绍叶绍翁的

《四朝闻见录》，其中将朱熹称作"文公"。

> 文公居顷，韩（侘胄）讽伶优以木刻公像，为峨冠大袖，于上前戏笑，以荧惑上听。公犹留身讲筵，乞再施行前奏，则予郡之批，已径从中出。然韩犹以公当世重望，美其职名，而优以大藩。

当朱熹要被解除侍讲之职时，楼钥也曾经努力阻止此事。他也记载了与此事相关的另一件事，即在当时同样希望挽留朱熹的孙逢吉的逸事。

> 待制朱公熹之去，公（孙逢吉）力救之。……。一日，会食部中（孙逢吉时为吏部侍郎）。或报王喜除阁门祇候。公曰：此乃优伶（演员），尝于内廷效朱侍讲容止。以儒为戏者，岂可以污清选。当抗疏力争，否则于经筵（进讲之席）论之（孙逢吉兼任仕讲）。有飞语上闻，五月内，批与郡。而王喜之命亦寝。（《攻愧集》卷九六）

其中，可以看到在当时的权臣韩侘胄眼中，朱熹这一人物是怎样的形象。与此同时，在这一逸事中，大概也可以窥见当时朝廷内的氛围。在硬派的官员与软派近习互争不让的暗流中，人们在国家这一组织中对于如何生存有着不同的感觉。这一不同，便在于到底是将国家与朝廷理解为个人性集团并据此行动，还是将其理解为公共机关而承担起自己的职责？在朱熹所生活的时代，这一对立具有怎样的意义呢？次章将对此点进行详述。

庆元年间，朝廷不断将朱熹诸人的活动贴上"伪学"标签进行弹劾。庆元二年（1196）十二月，监察御史沈继祖指名弹劾了朱熹与其最信赖的学友蔡元定。对朱熹的处分是剥夺"秘阁修撰"的职名，罢免"提举南京鸿庆宫"的祠禄。对蔡元定的处分则是道州编管（即到位于现在湖南省最南部的道州接受编管）。翌年的庆元三年八月，蔡元定死于道州。下面要介绍的《梦奠记》的作者蔡沈，便是这位蔡元定的长子。

死前留下的言语——《梦奠记》所见

朱熹去世的时间是宁宗庆元六年三月九日午刻，即1200年4月23日上午11时多，地点在建宁府建阳县的居宅"考亭"。他是在所谓"庆元伪学之禁"的氛围下死去的。

在这一时期朱熹所写的书信中，不时会出现类似于"此是伪学见识，不审明者以为如何"（答刘君房二，《朱文公文集》卷六十）这种可以理解为自嘲也可以理解为挑战式的嘲讽口吻。在此介绍的《梦奠记》中记载的朱熹的言语中，也有此种嘲讽的口吻出现。在这一时期，朱熹身旁总笼罩着某种阴云。不过，穿透这种像自嘲一样的阴云而迸发出来的、立于时代之中的朱熹之气概，更是难以被遮蔽的。

庆元庚申（六年，1200）三月初二日丁巳，先生简附叶味道（贺孙）来约沈（作者蔡沈自称）下考亭，当晚即与味道至先生侍下。

……

五日庚申，先生在楼下，脏腑微利。邑宰（建阳县长官。当获得中央官员[称为京官、朝官]资格的人担任地方长官时，称为"知县[事]"。没有获得中央官员资格的人称为"县令"。"知"是掌管，"事"是职事[しごと]。）张揆来见，有馈。先生却之，谓："知县若宽一分，百姓得一分之惠。"揆籍时相之势，凶焰可畏，百姓苦之。是夜说《西铭》（北宋四先生之一张载的著名文章），又言："为学之要，惟事事审求其是，决去其非，积累日久，心与理（天地、万物所共有的活动程序）一，自然所发皆无私曲。圣人应万事，天地生万物，直而已矣。"

初六日辛酉，改《大学》（《大学章句》）"诚意"章，令詹淳誊写，又改数字。又修《楚辞》（《楚辞集注》）一段。午后大泻，随入宅室，自是不复能出楼下书院矣。

初七日壬戌，先生脏腑甚锐，文之（朱熹的次男）自五夫归。

初八日癸亥，精舍（竹林精舍。建于居宅"考亭"之东，为前来向朱熹求学的人所住的宿舍）诸生来问病，先生起坐曰："（从事伪学的我之身）误诸生远来，然道理只是恁地。但大家倡率做些坚苦工夫，须牢固着脚力，方有进步处。"时在坐者林子武夔孙、陈器之埴、叶味道贺孙、徐居父宇、方伯起、刘择之成道、赵惟夫、范益之元裕及沈。先生顾沈曰："某与先丈（蔡沈的父亲蔡元定）病势一般，决不能起。"沈答曰："先人病两月余，先生方苦脏腑。然老人体气易虚，不可不急治之。盖先生病实与先人相似：上极热，挥扇不辍；下极冷，泄泻不止。先人亦初因痁结，服神功丸，致动脏腑。春陵病革时，常作先生书，及此故也。"诸生退，先生作范伯崇念德书，托写《礼书》，且为冢孙择配。又作黄直卿书，令收《礼书》（后称为《仪礼经传通释》的原稿）底本补葺成之。又作敬之（朱熹的三男）在书，令早归收拾文字，且叹息言："许多年父子，乃不及相见也。"夜分，命沈检《巢氏病源》。刘择之云："待制（用朱熹此前的官职称呼他）脉绝已三日矣，只是精神定，把得如此分晓。"

初九日甲子五更（午前三点至五点），命沈至卧内。先生坐床上，沈侍立。先生以手挽沈衣，令坐，若有所言而不言者久之。医士诸葛德裕来，令无语，用治命（病重之前，身体尚康健时候的命令）。移寝中堂（进入丧礼的第一阶段）。平明，精舍诸生复来问病。味道云："先生万一不讳，礼数用《书仪》（司马光所撰家礼）何如？"先生摇首。益之云："用《仪礼》何如？"先生复摇首。沈曰："《仪礼》《书仪》参用何如？"先生首肯之，然不能言，意欲笔写，示左右以手版托纸进。先生执笔如平时，然力不能运。少顷，置笔就枕，手误触巾，目沈正之。诸生退，沈坐首边，益之坐足边。先生上下其视，瞳犹炯然，徐徐开合，气息渐微而逝，午初刻（上午十一时多）也。

其中记载"初五日"朱熹言语的原文是：为学之要，惟事事审求其是，决去其非，积累日久，心与理一，自然所发皆无私曲。圣人应万事，天地生万物，直而已矣。

这一段话，明白地表达了朱熹用尽自己的一生所追求的、理解人与世界的哲学图景。详细论述可见本书第二部分。

第二章 | 朱熹生活的时代

朱熹出仕的宋朝，是由赵匡胤通过篡夺五代的后周，在建隆元年即公元960年所建立的。赵匡胤的智库即宰相赵普，为了阻断自五代以来受到军人重大影响的乱世，确立以民政立国来建立国家的基本方针，将科举选出的文官送入军阀割据的基本单位"州"，让他们活跃在民政立国的最前线。

民政立国的理念——县与州

据北宋末期宣和四年（1122）的统计，北宋朝的疆域内一共有1234个县，351个州（京府4、府30、州254、监63），由26个路组成。

南宋时代，淮河被定为宋国与金国的国境线，淮河以南是宋国疆域。据嘉熙三年（1239）刊刻的疆域指南《方舆胜览》，其疆域内有716个县、203个州，由17个路组成。

据嘉定十六年（1223）的统计，南宋朝总户数为1267万余，口数为2832万余。朱熹在世的孝宗淳熙年间，其口数大概也在该数字附近。若据《方舆胜览》中记载的县数进行推算，则一县有39553口。

据汉代极盛期元始二年（2年）的统计，一共有103个郡国，1577个县，口数为5767万余。平均每一县有36570口。

据北宋极盛期徽宗崇宁元年（1102）的统计，一共有298个府州军监，1265个县，口数为4532万余。平均每一县有35829口。

由上可知，各个时期一县的人口数近乎一致。南宋的孝宗时代一县人口之所以多了4000余口，可以推测是由于南宋疆域主要在长江流域及以南的农业生产力高的地区，这一差异有其意义。

当然，此处所说的都是平均数值，实际上县的规模有大小差异。在此可以大体看出，不论是汉代还是宋代，民生的基本单位，都是三四万左右的人口以县城（县衙门所在的城市）为中心而生活的地域单位。在这一"县"单位之上所设定的单位，根据军事、经济、政治的考虑与历史沿革，在汉代为"郡"，在宋代则为"州"。

在西汉宣帝（在位时间为前74—前49年）时代，民政立国的理念已经在现实的国政中得以确立。在班固的《汉书》中，把这位宣帝定为中兴之主，认为是他将汉帝国从汉武帝的强权政治所导致的国土与社会的疲敝、衰亡的危机中重振起来。宣帝重视各郡的长官"太守"，将他们看作是国政之基础，即民政的担当者。在宣帝时代，有能力且有良心推进民政的"循吏"辈出。关于"循吏"，次章再论。

宋朝国家从一开始，便在宰相赵普的指导下，将西汉宣帝以来的民政立国的理念作为国政的基础，其目标是终止唐朝国家后半期以来的军阀割据状态。

是个体化的集团？还是公共性的机关？

在乱世，权力与武力直接相连。以夺取权力为目标的武力集团，都遵从与拥有卓越军事才能的人物之间的"主从"关系意识。准确地说，这些人是作为个体化的人群集团，在时代中行动。另一方面，国家克服了战乱，将民政的意义确定为充分地行使权力，并将权力行使的实质放置于数百个州与上千个县这一民政的现场中。由皇帝主宰的中央朝廷将民政活动指派给各地的诸位民政官，赋予他们能够保证其活动的权限与权威，而且中央还要检查其民政活动是否合适。

若将国家作为机关来理解，所看到的是被合理分割的职务与权限的体系。其中，皇帝也被看作是处于这一机关之中，被赋予了职务与权限的存在。若仿照"天皇机关说"来命名的话就是"皇帝机关说"，此种国家观与皇帝观便于此出现。

不过，只要当时的朝廷采取的是世袭皇帝制，那么对于国家的这种合理性理解，就有一定的局限。统治的正当性与皇帝的正统性相互纠缠，而正统性便是血缘这种个体性的因素。由于这一点，作为机关的国家便也与不合理的因素纠缠在一起。

在宋代，虽然朝廷被各种各样的政争以及围绕国是的党争（分成党派之后的斗争）所动摇，但在其基底处起作用的，乃是在朝廷的担当者中存在着的对于皇帝、国家的两种理解之间的对立。这种对立，既是指把朝廷与国家理解为服从皇帝个人的个体化的人群集团，还是将其理解为职务与权限的公共性体系，即机关。

母后之力

在这种对立中，缠绕着如下事态，即皇太后与太皇太后等"母后"拥有皇帝的指名权，与作为皇帝正统性之保证人的朝廷，共同享有主宰者之权威。这一点在昔日汉代朝廷中便已明确出现。宋代朝廷立足于北魏以来经由唐、五代相继而来的北朝国家之谱系。在这些北朝系的国家中，立刻可以举出执掌北魏国家的文明皇后冯氏、在北齐一代振兴母权的明皇后娄氏，以及唐代的则天武后等名字，可知母后的活跃度非常显著。

在太祖赵匡胤建立宋国，与赵普协力推进民政立国的国家建设中，据传其母亲昭宪太后杜氏"常与上议军国事，犹呼赵普为书记，尝抚劳之曰：'赵书记且为尽心，吾儿未更事也'"（《涑水记闻》卷一）。

在第三代皇帝真宗的末期，由于真宗陷入了身心不宁的状态，皇后刘氏便承担起了政务。真宗驾崩时，留下遗诏"尊皇后为皇太后，军国大事权取皇太后处置（虽然是临时，但是由皇太后全权处理）"。年少即位的第四代皇帝仁宗的初期，在前后大约12年的时间中，都是由章献皇太后刘氏"垂帘听政"。

这位仁宗最终没有后嗣，只能从赵氏一族中选择养子迎入宫中，此即第五代英宗皇帝。在即位前后，英宗也多次陷入精神错乱中，因此当时的朝廷对于这一皇位继承是否妥当也怀疑虑。而与当时辅佐皇帝的宰相韩琦一同协力消除这一疑虑的，则是仁宗生前的皇后，即仁宗驾崩后成为皇太后的曹氏。

继承英宗的是第六代皇帝神宗。其生母是英宗的皇后高氏，神宗时为皇太后。高氏与太皇太后曹氏一起，哭着向在身旁侍候的神宗表达了对于王安石所推进"新法"政策的忧虑，认为会带来天意人心的丧失以及都城的动乱，由此引起了神宗对于"新法"的疑虑。原本一心一意推进"新法"的神宗的这一疑虑，据说与其后熙宁七年（1074）四月王安石辞掉宰相一事也有关联（《宋宰辅编年录》卷八）。

神宗驾崩后，高氏成为太皇太后。神宗的遗诏是："应军国事，并太皇太后权同处分，依章献明肃皇后（前已言及的真宗的皇后、仁宗初期成为皇太后垂帘听政的刘氏）故事施行。"哲宗即位后，高氏在此后约9年中"垂帘听政"，主宰朝廷。

在这个时代，"母后"被认为拥有赋予皇位继承之正统性的权能。这一权能，在北宋灭亡、南宋朝廷国家建立的过程中，也充分得以发挥，为南宋朝廷国家赋予了正统性。

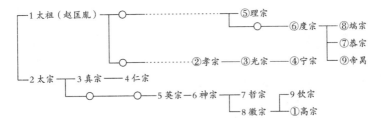

宋代世系表（圆圈中的数字代表南宋皇帝的世代顺序）

靖康二年（1127）二月，金军假托百官劝进，将原来的宰相张邦昌推上帝位，设置了国号为"大楚"的国家来继承北宋。四月一日，金军挟持徽宗、钦宗以下皇太子、后妃等人返回北地。四日，张邦昌被权领门下省的吕好问逼迫，召集百官，将由于是废后而没有被金国带去、留在京师的哲宗原皇后孟氏尊为"宋太后"，次日五号迎入延福宫。再次日六号，百官朝延福宫。九日，张邦昌尊孟氏为"元祐皇后"，在徽宗的第九子康王行踪未明的情况下，降下了旨意手书，将军国庶务都仰托元祐皇后孟氏"垂帘听政"，并准备恢复宋国。十一日，孟氏施行"垂帘听政"，张邦昌脱离帝位，以"太宰"身份退居资善堂。"大楚"国仅月余便烟消云散了。十四日，元祐皇后向内外公示了令康王嗣统的谕旨手书。五月一日，康王在南京即位，同日，元祐皇后停止"垂帘听政"，并"还政"给新皇帝高宗。在此，南宋朝廷国家的正统性得到承认，由此成立。

南宋朝廷在高宗的统治下，围绕着与金国之间"主战还是讲和"的问题产生了激烈政争，且因此动摇。最终，高宗决定"讲和"，国是由此确定。不过，在高宗的这一决断下，有着"不顾一切想让被金国带走的生母宣和皇后韦氏生还"这一感情在起作用。绍兴十二年（1142）八月，韦氏最终归国，出迎的高宗喜极而泣，军卫们的欢呼声响彻天地。

太皇太后的外甥——韩侂胄

在高宗之后的孝宗、光宗时代，高宗的皇后吴氏展现了母后之力。正如前章已介绍过，由于光宗陷入了身心不安定状态，深深地隐居在后宫中。为了能够重建已经无法运作的朝廷，南宋实施了光宗对于宁宗的"内禅"。而主持该仪式，并据此来保证"内禅"之正统性的，正是成为太皇太后的吴氏。南宋国家正是由这一母后之力所挽救。而在此时，承担朝廷与吴氏之间联络工作的吴氏外甥韩侂胄，则成为此后能左右宁宗朝的人。

暂且不论吴氏这个人到底如何，可以确信的是，作为"母后"的亲属，并通过个人关系而获得权力的韩侂胄，他对于权力的理解是个体性的。而且亦可知，与他相关的朝廷诸人士，也是基于个体性的线索来理解权力的。

"庆元伪学之禁"，正是由这些人所发动的。这是他们对于硬派官员进行弹压的一环。他们将经由韩侂胄所增幅的权力以个体性的方式来理解和行使，而硬派官员则是将国家理解为公共机关，并且希望使这一理解成为公理。

不过需要附带说明的是，韩侂胄本人并不是酷薄、恶辣的人。在他掌握权柄期间，也可以看到活跃的有能力且有良心的民政官。其中也有不少像京镗、谢深甫那样成为宰相的人。这一点大概也可以证明，在南宋朝廷，民政立国的理念实际上也在发挥作用。而且，韩侂胄虽然对于朱熹等人针对自己的强硬言行感到为难，但似乎对朱熹并未抱有太多恶感。据说，这也与朱熹曾经向主导宁宗内禅仪式的赵汝愚提出的建议有关。朱熹建议，在内禅仪式的成功以及宁宗即位一事上，韩侂胄有着用朱熹老家的话来说相当于"乳母"的功劳，因此最好的办法是给予他节度使的名号，让他体面地离开朝廷。在朱熹出生的故乡建州，孩子长大后，当"乳母"要离去时，有向乳母赠送贵重礼物以报答其功劳的风俗。据说在听到这一传闻后，韩侂胄也使用朱熹老家的方言"乳母"来调侃自己，同时对于承认自己功劳的朱熹也未抱有恶感。在"伪学之禁"中，对于朱熹的处分仅仅是剥夺官籍，虽然有人提出"斩朱熹"这一强硬意见，但最终还是保全了朱熹，并允许其"致仕"（引退）。

常平仓——民生救济设施的滥觞

在第一章介绍的朱熹《社仓记》中，言及了常平仓和义仓，并评价为"尚存古法遗意"。朱熹等人创设社仓时，将常平仓与义仓看作是其先导，对其优点和缺点都进行检讨，然后提炼出社仓这一设施及其运用方法。要理解朱熹的社仓之特征，前提是对于常平仓和义仓要有所理解。在此进行简单论述。

常平仓是在西汉宣帝的治世中，即民生立国的理念在现实的国政中得以确立的时期，最早提案并得以实施的设施。这也是在史料中能够确认的此类设施的最初例子。朱熹所属的宋朝，也于各地广泛设置常平仓。

常平仓的创设，由耿寿昌提案，由宣帝实施。东汉班固在《汉书·食货志》（总结西汉时代的经济史）中有如下论述。

寿昌遂白令边郡皆筑仓，以谷贱时增其贾而籴，以利农，谷贵时减贾而粜，名曰常平仓。民便之。上乃下诏，赐寿昌爵关内侯。

可以看出，这是对谷物价格进行调整的政策。其本意大概是在收获期，当谷物价格下跌时，弥补农民所受到的货币损失，而在青黄不接或者饥荒时期，当谷物价格高涨时，则要救助无力购买粮食的贫民。可谓是对农民与贫民的保护政策。

不过在紧随其后的元帝时代，对于常平仓也出现了与对盐铁专卖相同"与民争利"的反对意见，因此停止实施。据说是由于损害了经营谷物的商人的利益。

在宋代，据说最初的常平仓是淳化三年（992）由太宗命令开封府设置的。景德三年（1006）经人提议后，在各地广泛设置。

义仓据说是从北齐时期开始实行的，方法是额外征收租税谷物量的一成左右,将其留于地方,以防备饥荒。在宋代,有提案要建立义仓但最终搁置的例子,也有虽然实施了但很快又被废止的例子,可见义仓政策是不稳定的。

与常平仓和义仓不同,嘉祐二年(1057),在接受了韩琦的提案后,朝廷在各地设置了广惠仓。逃避赋税的地主在绝户之后被官方没收田地,朝廷招募不会逃避赋税的佃户进行耕种,将其缴纳的充作租谷的谷物储存起来成立广惠仓,施放给在州县城郭中居住的老人、幼儿、贫者、病人。

社仓法与青苗法

在此,要考虑朱熹所设计的社仓,在他的那个时代中具有怎样的意义。

首先需要指出的是,这一社仓法,与所谓"新法"政策中的一项,即王安石在初期所实施的"青苗法"非常相似。

朱熹自己在淳熙十二年(1185)十月朔日所写的《婺州金华县(浙江省金华市)社仓记》中,有如下论述:

> 抑凡世俗之所以病乎此者,不过以王氏之青苗为说耳。以予观于前贤之论,而以今日之事验之,则青苗者其立法之本意固未为不善也。

虽然这是委婉的讲法,但的确将青苗法的"立法之本意"(制定制度原初的意图)评价为"善"的。在此基础上,他又将此与自己所设计的社仓法之间的差异总结如下:

(青苗法的弊端之一)但其给之也以金而不以谷,(之二)其处之也以县而不以乡,(之三)其职之也以官吏而不以乡人士君子,(之四)其行之也以聚敛亟疾之意而不以惨怛忠利之心。

王安石就任参知政事(副宰相)的时间是神宗熙宁二年(1069)二月三日。该月二十七日,神宗向知枢密院事陈升之与参知政事王安石下发命令,开始实施被称作"新法"的改革提案,并且设置了专门用于研究议案的部门:制置三司条例司。这一制置三司条例司提出了青苗法的议案,并于同年九月四日得到实施裁可。

当日的提案内容大致如下:

今详:比年灾伤,赈贷多出省仓(州的仓库),窃以为省仓以待廪赐,尚苦不足,而又资以赈贷,此朝廷所以难于施惠,而凶年百姓或不被上之德泽也。今诸路常平、广惠仓,略计千五百万以上贯石(贯是钱的计量单位,石是谷的计量单位,此处是以一贯=一石的价值进行换算),敛散之法未得其宜,故爱人之利未溥,以致更出省仓赈贷。今欲以常平、广惠仓见在斛斗,遇贵量减市价粜,遇贱量增市价籴,其可以计会转运司用苗税及钱斛就便转易者,亦许兑换,仍以见钱(见同现,见钱即是现钱)。依陕西青苗钱例,取民情愿预给，令随税纳斛斗。内有愿给本色，或纳时价贵，愿纳钱者，皆许从便。如遇灾伤，亦许于次料收熟日纳钱。非惟足以待凶荒之患。又民既受贷，则于田作之时不患阙食，因可选官劝诱，令兴水土之利，则四方田事自加修益。人之困乏，常在新陈不接之际，兼并（指侵占他人的田土，也指施行侵占的人）之家乘其急以邀倍息，而贷者常苦于不得。常平、广惠之物，收藏积滞，必待年歉物贵，然后同粜。而所及者，大抵城市游手之人而已。今通一路之有无，贵发贱敛，以广蓄积、平物价，使农人有以赴时趋事，而兼并（指施行侵占的人）不得乘其急。凡此，皆以为民而公家无所利其入。（《宋会要辑稿》122册）

根据提案，青苗钱的政策是依据陕西路已经实施的规定而来。其具体内容如下：

依陕西青苗钱例，取民情愿预给，令随税纳斛斗，半为夏料，半为秋料。内有愿给本色给，或纳时价贵，愿纳钱者，皆许从便。

常平、广惠仓等见钱依陕西出俵青苗钱例，取当年以前十年内逐色斛斗、一年丰熟时最低实直价例，立定预支，召人户情愿请领。

客户愿请者，即与主户合保，量所保主户物力多少支借。如支与乡村人户有剩，即亦准上法，支俵与坊郭有抵当人户。

给青苗钱，须十户以上为一保，三等（当时富户到贫户划分为五等)以上人为甲头。每户支钱,第五等及客户(即佃户)毋得过千五百,第四等三千。第三等六千,第二等十千,第一等十五千。余钱委本县量度增给三等以上户,更有余钱,坊郭户有物业抵当,愿请钱者,五家为一保,依青苗例支借。……如夏秋收成物价稍贵,愿纳钱者,当议减市价钱数比元请钱,十分不得过三分。(《宋会要辑稿》122 册)

青苗钱是由政府先购买农民未成熟的"青苗",以买卖契约为基础来贷与现钱。因此在返还时,农民交纳事先被买下来的谷物也便是顺理成章的事。不过当返还时,如果谷物价格比预计价格要高,预先购买的一方便能获利。在此,举一个例子进行说明。如果预计收获时候米价是 10 千克 5000 元的话,先从甲那里预购了米 100 千克,则付给甲 50000 元。到了收获时期,由于年成不好,10 千克米的实际价格翻了一倍,涨成了 10000 元。甲如果按照原则交纳现米 100 千克的话,相当于交纳了 100000 元的金额。因此根据物价的上涨变成了成倍返还。青苗钱对此的规定是,在这一情况下允许用现钱进行返还。不过也并非返还 50000 元,而是设定为在至多增加三成价格上限之内进行现金返还,即最多返还 65000 元。

不过在预先购买青苗的时期,一般而言是谷物很少而谷价很高。如果设定这一时期的实际价格是 10 千克 7500 元。支付给甲的 50000 元可以购买到 66 千克的谷物。而收获时候,一般而言则是谷物变多而谷价下降。假设按照预先购买时候预计的 10 千克5000元计算，50000元相当于必须交纳米100千克。从米的交易来看，则是借66千克而要返还100千克，甲是在66千克之上再添了34千克来返还，实际上是支付了近五成利息。

朱熹对于青苗法的批判是"以金而不以谷"，也是对于该点的强调。无论如何，以增加三成为限度这一点，在其后应对批判的过程中降低为增加二成。

对于青苗法的这一规定，朝廷内外不断地有批判声音。最基本的担心是，这一救济贷与的政策主要应该救济的乡村贫户都是负有债务而不自觉的人，又或是生来就没有经济能力者，本来就没有返还能力。因此将这1500万多的贯、石作为本金注入的融资实业，大概会以破产结束。由于宋朝国家是在民政立国的施政方针下给民施予恩惠，所以受到人民的支持，也因此国家就不太可能对贫户进行强制催收。下面，节略地介绍名臣司马光、韩琦等人的批判。

司马光首先发难：

今行之才数月，中外鼎沸，皆以散青苗钱为不便，然后臣乃敢发口复言。彼言青苗钱不便者，大率但知所遣使者或年少位卑，倚势作威，陵轹州县，骚扰百姓，止论今日之害耳；臣所忧者，在十年之后，非今日也。

夫民之所以有贫富者，由其材性愚智不同。富者智识差长；忧深思远，宁劳筋苦骨，恶衣菲食，终不肯取债于人，故其家常有赢余，而不致狼狈也。贫者呰窳偷生，不为远虑，一醉日富，无复赢余,急则取债于人,积不能偿,至于鬻妻卖子,冻馁填沟壑而不知自悔也。……贫者得钱,随手皆尽,将来粟麦小有不登,(夏与秋)二税且不能输,况于息钱,固不能偿。吏督之急,则散而之四方,(一起组保的)富者不去,则独偿数家所负……臣恐十年之外,富者无几何矣。……朝廷自祖宗(太祖、太宗)以来以仁政养民,岂可视其流亡转死而必责其所负?其势不得不从请者之言也。然则官钱几千万缗(缗指钱一千文)已放散而不返矣。官钱既放散,而百姓又困竭,但使间胥里长于收督之际,有乞取之资,此可以谓之善计乎?(《乞罢条例司常平使疏》)

以下是韩琦对青苗法的批判。

……又乡村每保须有物力人为甲头。虽云不得抑勒,而上户既有物力,必不愿请。官吏防保内人下户不能送纳,岂免差充甲头以备代赔。……且下户见官中散钱,谁不愿请从?本户夏秋各有税赋,又有预买及转运司和买……之类,名目甚多。今更增纳此一重出利青苗钱。愚民一时借请则甚易,纳则甚难。(《乞罢青苗及诸路提举官奏》)

在司马光、韩琦的批判中,都将贫民称呼为"愚"。这一词语意味着贫民没有自立的意志,没有计划性,没有行动力,即将他们看作没有主体性、不可信赖的存在。而且从这两句话中能够感受到他们一开始就看不起"借钱"这一行为。对此,可以介绍一下王安石的话。

> 常平新法，乃赈贫乏、抑兼并、广储蓄，以备百姓凶荒，不知于民有何所苦？民，别而言之则愚，合而言之则圣，不致如此易动。大抵民害加其身自当知，且又无情，其言必应事实。惟士大夫或有情，则其言必不应事实也。(《续资治通鉴长编纪事本末》卷六十八)

王安石认为，民如果不是在个别的利害感情中，而是处于作为"民"的共通感情中时，便会发挥出可以称为"圣"的聪明、智力以及主体的判断力。

关于青苗法，据说王安石在离开制置三司条例司时，曾经将草案放在袖子中带出来展示。而据说在距此22年前的庆历七年（1047）到皇祐元年（1049）间，王安石在明州鄞县（宁波市的南方）担任知事期间，便实施了许多善政，得到鄞县百姓的仰慕，而王安石也留下了恋恋不舍的回忆。这些善政之一，便是"贷谷于民，立息以偿，俾新陈相易"（楼钥《鄞县经纶阁记》）的政策。在王安石那里，并没有忘记使这一政策得以成功的鄞县人民的主体性活力，大概此点正是支撑着青苗法提案的关键。

朱熹社仓法规划的关键也在此处，即在于发现"山谷之细民"的主体性经济能力，以及发现他们铭记着返还责任的"债务"伦理。这即是指在乾道四年（1168）的冬天朱熹所经历的事件："是冬有年，民愿以粟偿官贮。里中民家将辇载以归有司。"

物权与债权

在人与人、人与物相互拥挤、相互纠缠的世界中,如何能达至秩序呢?不时发生的对于物的争夺、对于人的争夺这些暴乱行为,如何能够使其平息而达到安定呢?

一种方法是,通过排他性保障以确定对于各个物品的支配权,这样,围绕着物的多人间的争斗就可以平息。这便创造出了以物权为基础的静的秩序。基于排他的、单面性的对于物的支配权的设定和保护而来的秩序,在这一个意义上可以称之为"支配秩序"。人与人的关系也是在这个支配秩序之下来理解的,例如妻子是丈夫的所有物,儿子是父亲的所有物,家臣是主君的所有物,奴隶是奴隶主的所有物,都是依据物权(所有权)意识来建立秩序。

另外一种方法,则是基于物的使用和消费信用(约束、契约)而来的相互转让,使物资得以流动的方法。这便是以债权、债务为基础,创造出人与人之间互有责任义务的动的秩序。信用(约束、契约)带来的秩序,在这个意义上可称之为"信用秩序"。在此,人与人的关系也是基于信用、信义,基于双方义务的法意识而确立的秩序。以儒教伦理为中心的所谓"五伦",即《孟子》中所设定的"父子有亲、君臣有义、夫妇有别、长幼有序、朋友有信"(《滕文公上》),便是这一秩序。

在此,可以引用德国法学家拉德布鲁赫在《法学导论》中所说的一段话。

权利主要分为两大类：亦即物权和债权。……物权是一种物上的权利、而债权（请求权）则是针对人的权利。物权是一种去骑我的马，或使之驾车，总之，随意予以使用的权利、自行处置的权利；债权则是涉及另一个人处置行为的权利，如他向我交付我已买之马。……物权和债权对于法律世界而言就如同物质和力量对自然界——前者是静止的因素，后者是动态的因素；而且，根据这种或那种权利的优先地位，人们可以将法律生活区分为静态的或者动态的形式。中世纪直至近代的法律生活是静态的，劳动秩序建立在物权之上。……今天的，即资本主义的法律生活是动态的。（拉德布鲁赫《法学导论》，米健译，商务印书馆，2013，第95—96页，译文稍有改动）

也可以引用本国（日本）的法学者我妻荣的一段话。

债权是在人与人之间相互信用的基础上产生的。在人类文化史上，它后于物权而发展。由于认许了债权，人类经济生活更加丰富。人类在仅依物权形成财产关系，仅以物权作为财产客体时代，可以说只能生活在过去和现在。但是，承认了债权制度，就可以使将来的给付预约，变为现在的给付对价价值。人类在经济生活中，除了过去和现在的财产之外，还可以增加将来的财产。用柯拉的话说，就是信用（即债权的发生），"过去可为将来服务，将来可为过去服务，时间障碍被打破，人类可以自由地征服时间与空间。"（我妻荣《债权在近代法中的优越地位》第一章序，王书江等译，中国大百科全书出版社，1999）

不过，当我们思考支配秩序和信用秩序时，并不能轻率地断言信用秩序便是"后来发展出来的"。因为也存在一种观点，认为所有权绝对的观念是随着所谓近代资本主义的发达而成立的。

不管如何，前文所见的王安石的青苗法，是在信赖"民"的主体性债务意识，以及信赖其返还能力的基础上制定的政策。正是在鄞县任知事的时候，王安石体验到了值得信赖的"民"的主体活力之存在。

另一方面，批判青苗法的司马光和韩琦所看到的，则是与积累自身才智与资产来为危机做准备的"富户"相比，只能依靠"借钱"来摆脱危机的"贫户"乃是可耻可怜的无能者。他们是在以物权为基础的支配秩序意识下批判青苗法的。

社仓法规划的起源，是由于在乾道四年（1168）的冬天，朱熹等人发现了崇安县的"民"有着某种主体之可能性，能够形成以债权、债务为基础的信用秩序。于是，朱熹等人大概是将这一民之主体的可能性理解为青苗法的"立法本意"，并加以提炼。他将作为青苗法基础的新秩序景象，与自身的经验融合起来进行再发现，对青苗法的政策进行批判性继承。所谓社仓，便是以地方社会中培育出来的债权、债务的法意识为基础，在地方社会中构筑起主体之信用秩序的措施。

"心"与"理"

当新法政策在朝廷内外引发物议时,对于如何来理解皇帝与国家这个问题,出现了意味深长的对立。其中一个立场认为,政策的正当性在于能否得到"人心",而另一个对立立场则认为正当性取决于是否能符合"理义"。

在青苗法批判者的口中笔下,认为这一政策的实施会导致"失去人心"。熙宁三年(1070)三月五日,当神宗谈到"不可失人心"这一批判时,王安石给出了如下的答复。

> 所谓得人心者,以有理义。理义者,乃人心之所悦,非独人心,至于天地鬼神亦然。先王能使山川鬼神亦莫不宁者,以行事有理义故也。苟有理义,即周公致四国皆叛,不为失人心;苟无理义,即王莽有数十万人诣阙颂功德,不为得人心也。(《续资治通鉴长编纪事本末》卷六十八)

王安石所言的"理义",是基于《孟子》中的"心之所同然者何也。谓理也,义也。……故理义之悦我心,犹刍豢之悦我口"一句。王安石此处认为,政策的正当性,应该到能够扩充到天地自然的作为世界之普遍基准的"理义"中去寻求,而当时的"人心"是愉悦还是厌弃,应该是第二位的问题。

生活于同时代的苏轼,在熙宁四年(1071)二月上给神宗的书中,对"新法"进行了批判,其中表达了与王安石完全对立的看法。

臣之所欲言者三，愿陛下结人心，厚风俗，存纪纲而已。……由此观之，人主之所恃者，人心而已。人心之于人主也，如木之有根……是以君子未论行事之是非，先观众心之向背。（《上神宗皇帝书》）

苏轼认为判断"是非"并不是首先考虑的问题，而要以"众心之向背"即"人心"之愉悦还是厌弃作为最先的基准。

在此，大概可以窥见当时对于皇帝及其名下所施行的政策行为的评判，有着两种对立的想法，其一是以"理义"之有无为思考方向，其二则根据"众心之向背""人心之得失"来考虑。这里所谓"人心"，是指明确的个体性活动的人之气，而所谓"理义"，则指可以扩展至天地鬼神的公共道理。如果这么想的话，那么皇帝权力是要遵循个体性运动的"人心"，还是应遵循公共论定的"理义"，这一对立便在时代的基底涌动着。是应该从个体的角度来理解国家、皇帝和权力，还是应该从公共的角度来理解？这一对立也由此显示出来。

在此要注意，朱熹所私淑的先觉即程颢（明道先生）和程颐（伊川先生）兄弟，是将"天理"和"理"作为自身学问的中心词，而朱熹也继承了此点，将"理"作为自身学问的中心词。说到朱熹的时代，"人心"与"理义"的对比，便以"心"与"理"的对比展现出来。前章末尾所介绍《梦奠记》中记载的朱熹的话，"心与理一，自然所发，皆无私曲"一句，是将王安石时代所出现的"人心"与"理义"之间的对立通过"理义"之线而得到贯通，朱熹一生之"学"的结论也在此展现出来。

在朱熹将"心"与"理"进行对置的背景中，有着"人心"与"理义"间的对置，而在人心与理义之间的对置中，则有着这一时代变动之基底中的对置，也关系到对于权力、皇帝、国家是以个体的角度来理解，还是以公共的角度来理解的对置。

"职责"的感觉——债务与职务

若某个人将权力进行个人性理解和行使，那么我们可以将其称为"权力的私有化"。这里的"私有化"一词，大概是基于对私的所有物的权力即"物权"的秩序感觉而来的词语。

将国家理解为遵从皇帝个人的个体性人群集团，即意味着国家是可以任由皇帝个人随心所欲处理的私人所有物。在这样的国家中，国家作用、行政与裁判、战争等国家的行为，也是遵从皇帝恣意的单方面支配而出现。

另一方面，制定法令、公开法令、明确开示了国家作用方式的国家，则不是遵从皇帝恣意的单方面支配的国家，即不是在支配秩序中活动的国家，而是在信用秩序中活动的国家。为何如此说呢？所谓法令，便是一种"约束"，意味着这个国家正在执行的此种事务。而这种国家的国家作用，便表现为"法令"这一约束的现实行为。

在朱熹所属的宋朝国家中，正如第二部分第一章介绍的《天圣令》（北宋时代，在仁宗治世的天圣七年［1029］所修订的令）中展示的，国家作用被体系性地分割，由各种"职"来承担。而各种各样的"职"，则有详细分条写下的"职务条规"，被作为一种法令得以公开。被委以各种"职"的国家职员，当他们作为国家职员行动时，则是使得事先被明示的、与国家作用相关的被公开的"约束"得以实现的行为，即是说在信用秩序中被实现的行为。在这一意义上，大概也可以称作是遵守信用（约束、契约）履行一种"债务"的行为。

将国家理解为作为法令而公开的职的公共体系（即机关），这意味着，要将其构成人员（即各位职员）理解为是要被课（即分派）以分担其活动的"职务"之人。当某个特定的活动被作为"职务"进行分派之时，这一活动就被赋予了"当为的，被公共分派的活动"这一意义，由此而与单纯的"活动"，例如为了满足身体欲求的活动相区别。大概可以将其称为"职责"。

在朱熹生活的时代，这种同时有着"债务"与"职务"的"职责"感觉，在国家职员之中被培养出来。而且在这个时代，由广泛的"职责"感觉所支持的信用秩序得以创立的可能性，也在不断成长着。

"职"这一关键词

在《四书集注》第一篇《大学章句》的开头出现的"理""事"

二词,以及在第二篇《中庸章句》开头出现的"命""性""道"等词,一向被认为是"朱子学"中最重要的关键词。确实也是如此,不过如果要将朱熹本人所描绘的哲学图景与他所生活的时代联系起来加以理解,那么还必须有从另一个观念出发将以上这些关键词都能联系起来的视角。这一观念,即是前节所述的"职"的观念。或者可以说更准确的是"职"的图景,即由"职责"的感觉所支撑的信用秩序的图景。

当然,并不是朱熹时代独自获得了"职"的观念。正如次章可见,"职"这一词语,是伴随着秦汉帝国的成立和成熟,成为当时理解国家的关键词。承接着这一历史,朱熹将这个词使用在了更加广泛的图景之中。

"职"这一词语,应该被称作朱熹思考中的"第一块石头"(出自《圣经·新约·约翰福音》,即第一个关键词)。在此举几个例子。其一是《大学章句序》中的语句。在古代中国,设置了小学、大学两个阶段的学校,对于"大学"中的"学",朱子有如下论述。

是以当世之人无不学。其学焉者,无不有以知其(吾的)性分之所固有,(吾的[1])职分之所当为,而各俛焉(努力的样子)以尽其力。

把握住自身所固有的"性分"与当为的"职分",并据此能够不懈怠地为完成课税与自身的"职责"而作准备,这便是"大学"中的"学"的含义。

---

[1] "吾"在这里指"我们这一类人",以区别于自称的"我"。参见105页页下注。——编者注

另一个例子,则是庆元二年(1196)十月之后朱熹写给周必大书信中的语句。周必大于淳熙十六年(1189)五月被罢免了宰相,并于庆元元年(1195)七月以七十岁致仕。当时,周必大看到欧阳修在一篇文章中有"学道三十余年"的句子,怀疑这并非欧阳修自己的话,而朱熹写信对此表示反对。当时,庆元伪学之禁已经开始,指责朱熹等人的运动正在开展中,该运动认为朱熹等人的活动是危险的,是应当被禁止的"伪学",并给他们贴上"道学"这一标签。在朱熹的反驳中,指出周必大对于"学道三十余年"一句所持有的消极态度,也是受到了这种反"道学"运动影响,并且提出反问:"道学"有什么不对呢?

故圣贤有作(经书),立言垂训以著明之(道),巨细精粗,无所不备。而读其书者必当讲明究索,以存(道)诸心,行(道)诸身,而见(道)诸事业,然后可以尽人之职而立乎天地之间。(《晦庵先生文集》卷三八)

"天地之间"是指以"天"与"地"为两极而扩展的,由这一"天""地"两者组合所创造出来的自然世界。人则通过达成"人之职",而成为与"天""地"相拮抗的"三才(天地人)"中的一员。

另一个例子出自《朱子语类》卷四。《朱子语类》是将弟子们所记录的朱子口头所说的讲义、谈话、问答等内容的笔记,依据主题分类编辑的书籍。针对《中庸》原文开头"天命之谓性"一句,朱熹说:

"天命之谓性。"命，便是告札之类；性，便是合当做底职事。

（《朱子语类》卷四）

其中，对于在朱子学中广为人知的关键术语"性"，做出了"便是职事"这一解说。

激发出朱熹之"学"的，是如下问题：人来到这个世上，应该做什么呢？依靠做什么，人才能在这个由"天、地"所创造并养育成的自然世界中，占据与"天、地"相拮抗的位置呢？朱熹的思考正是围绕着以上问题展开，在其中，"职"这一词语便成了基础性的关键词。

第三章 | "职"与"理"

"职"的观念伴随着秦汉帝国的成立、成熟而确立、发展起来。不过,秦汉帝国的成立与成熟,究竟是什么含义呢?

秦汉帝国的成立与"职"的观念

"职"这一词语,在据称是由孔子编纂成立的"经"中,也是一个重要的关键词。例如在《尚书》的《周官》篇中,据说记载了周的第二代天子成王的如下言论。

今予小子(王的自称),祗勤于德,夙夜(日夜努力也)不逮(尧舜)。仰惟前代(夏、殷)时若,训迪厥(夏殷所设的)官。立太师、太傅、太保(即"三公"),兹惟三公。……

少师、少傅、少保,曰三孤。……

冢宰掌邦治,统百官,均四海(之内)。

司徒掌邦教,敷五典(父仪、母慈、兄友、弟恭、子孝),扰兆民。

宗伯掌邦礼，治神人，和上下。

司马掌邦政，统六师（天子的六军），平邦国（王邦与四方国之乱）。

司寇掌邦禁，诘奸慝（之人），刑暴乱（之人）。

司空掌邦土，居四民（士农工商），时地利。

六卿分职，各率其属，以倡九牧（九州的牧伯），阜成兆民（的性命）。

此外还有《周礼》。《周礼》是对《尚书·周官》篇中所说的六卿，即天官冢宰、地官司徒、春官宗伯、夏官司马、秋官司寇、冬官司空以及其所下属的官和职进行详细论述的书。在天官冢宰的开头，即在相当于《周礼》全体之《总序》的文字中，出现了"职"这个字。

惟王建国，辨（东西南北之）方正（官庙之）位，体国经野，设官分职，以为民极。

《尚书》的《周官》篇，以及《周礼》全篇，都将国家描绘为由各个分担的"职"构成的组织。"职"是国家作用的分支。不过这两书中所宣称的内容，都很难确证是周王朝初期的文本。那么，作为历史事实的"职"这一观念，是在何时成立的呢？要回答起源的问题很困难，毋宁可以说基本不可能。概略考虑的话，可以认为其中有一个参考指标，就是司马迁《史记》本纪中

"职"字的出现方式。

《史记》的本纪是按照时代顺序论述国家历史的文献，从五帝开始，直至司马迁所处的时代即西汉武帝期为止。如果考察其中"职"字的用例分布的话，卷一《五帝（黄帝、帝颛顼、帝喾、帝尧、帝舜）本纪》中有二例，卷二《夏本纪》中没有，卷三《殷本纪》中有一例，卷四《周本纪》中有二例，卷五《秦本纪》中没有，卷六《秦始皇本纪》中有七例，卷七《项羽本纪》中有一例，卷八《高祖本纪》中没有，卷九《吕太后本纪》中没有，卷十《孝文（前汉文帝）本纪》中有一例。其中，《秦始皇本纪》中的七例非常突出。

在《秦始皇本纪》的七例中，有六例是与作为国家作用之分支的"职"相关的例子。其中五例，是秦始皇在各地巡幸时篆刻在石头上的碑文中出现的词语。这些一手史料记录标志着中国历史开始转向。

二十八年（前219），始皇东行郡县，上邹峄山。立石，与鲁诸儒生议，刻石颂秦德，议封禅望祭山川之事。乃遂上泰山，立石，封，祠祀。……刻所立石，其辞曰：

皇帝临位，作制明法，臣下修饬。二十有六年，初并天下，罔不宾服。……贵贱分明，男女礼顺，慎遵职事。……

南登琅邪……作琅邪台，立石刻，颂秦德，明得意。曰：维二十八年……方伯分职，诸治经易。

二十九年（前218），始皇东游。……登之罘（山），刻石。……

其东观曰：

维二十九年，皇帝春游，览省远方。……皇帝明德，经理宇内，视听不怠。作立大义，昭设备器，咸有章旗。职臣遵分，各知所行，事无嫌疑。黔首改化，远迩同度（基准、制度），临古绝尤。常职既定，后嗣循业，长承圣治。

（与焚书相关的一段）臣请史官非秦记皆烧之。非博士官所职，天下敢有藏诗、书、百家语者，悉诣守、尉杂烧之。

三十七年（前210）……上会稽（山），祭大禹，望于南海，而立石刻，颂秦德。其文曰：……秦圣临国，始定刑名，显陈旧章。初平法式，审别职任，以立恒常。

在"二十八年"中，从"与鲁诸儒生议，刻石颂秦德"一句来看，大概可以认为在这些刻石上所刻的文言，是基于孔子的故国鲁地的儒生们所持有的国家观念而来。不论如何，若阅读"方伯分职，诸治经易""职臣遵分，各知所行，事无嫌疑""常职既定，后嗣循业，长承圣治""初平法式，审别职任，以立恒常"等语句，大概可以看出如下的国家观：即作为适当分割的"职"之集合体的国家，通过对"职"进行整备，可以使国家成为如磐石般牢固的、超越了单个皇帝生死而得以维持的存在。在此，国家不是作为以特定帝王为中心而行动的个体性的人类集团，而是作为被设定为公共的"职"之体系（即"机关"）而得到理解的国家图景。在这里，超越肉体的人之生死而持续作用的"国家"这一独立的存在，在人们的思考之中或者思考之前就成立了。

下面，将利用汉代的史料，介绍其中明确传达了此种国家形象的文本。首先是武帝元狩六年（前117），由丞相以下多人联名的上奏文。

伏闻周封八百，姬姓（周王室的姓是姬。"姬姓"是指与周王室的血脉。）并列，奉承天子。……咸为建国诸侯，以相傅为辅。百官奉宪，各遵其职，而国统备矣。（《史记·三王世家》）

然后是东汉班固的《汉书》中的论述。

古者天子建国，诸侯立家，自卿、大夫以至于庶人，各有等差，是以民服事其上，而下无觊觎。孔子曰："天下有道，政不在大夫。"百官有司奉法承令，以修所职，失职有诛，侵官有罚。夫然，故上下相顺，而庶事理焉。（《汉书·游侠传》）

在最后出现的"庶事"，其意义是百官、有司所执行的，作为国家机关的各种"职事"（しごと）。对于必须将"事"理解为"职事"这一点，在下文第二部分第三章中将会详细论述。而"理"意味着"秩序确立/被确立"，这一点也将在下文中论述。

皇帝之职

如果进一步推进"国家机关说",将国家理解为由作为分支的"职"来分担国家职能的体系(即机关),那么国家原本就不是皇帝的所有物。这时毋宁出现了如下理解,即皇帝也是作为国家作用的一个分支而"履行职责(つとめる)"的存在。在此,要介绍汉代与宋代的史料中,宣告此种理解成立的言论。

首先是西汉文帝(前180—前157年在位)在位初期,右丞相周勃、左丞相陈平以及文帝三人之间发生的问答。

> 居顷之,孝文皇帝既益明习国家事,朝而问右丞相勃曰:"天下一岁决狱几何?(有多少个审判案件)"勃谢曰:"不知。"问:"天下一岁钱谷出入几何?(岁入岁出有多少)"勃又谢不知,汗出沾背,愧不能对。于是上亦问左丞相平。平曰:"有主者。"上曰:"主者谓谁?"平曰:"陛下即问决狱,责廷尉(司法长官);问钱谷,责治粟内史(财物长官)。"上曰:"苟各有主者,而君(君主)所主者何事也?"平谢曰:"主臣!陛下不知其(臣下的)驽下,使待罪宰相(将我放置于宰相的位置)。宰相者,上佐天子理阴阳,顺四时,下育万物之宜,外镇抚四夷诸侯,内亲附百姓,使卿大夫各得任其职焉。"孝文帝乃称善。(《史记·陈丞相世家》)

对于"主臣"一句,注释为"主群臣也"。也有人将文帝的质问"而君所主者何事也"中的"君",不理解为"君主",而理解为对陈平说话时"你"的称呼。但在之后陈平的回答中，说到自己是由"陛下（即文帝）"所任命的宰相，因此可以认为此处"主臣"的"臣"，是陈平在"陛下"之前谨肃的"谦称"，而不是"群臣"的含义。"主臣"的意思，便可以理解为是"主宰了作为宰相的臣（即陈平本人）"。如果依据这一理解，则文帝此处便是在向陈平询问，其自身作为君主的任务与职责是什么的问题。

其次是西汉宣帝（前74—前49年在位）对于丞相黄霸的召问之语。宣帝所诘问的，便是黄霸推荐史高为太尉的这一越权行为。

夫宣明教化，通达幽隐（令隐居的贤人出世），使狱无冤刑，邑无盗贼，君（你的）之职也。(任命)将相之官，朕之任焉。……君何越职而举之？（《汉书·循吏传》）

其中，"君之职"与"朕之任"是对应来说的，即皇帝的任务与宰相的职务是并列着被具体规定了的。

再次，在西汉成帝的建始三年（前30），当日食与地震同日出现的灾异发生时，成帝下诏求直言极谏。谷永应此上奏。

陛下践至尊之祚为天下主，奉帝王之职以统群生（一切生物），方内之治乱，在陛下所执。诚留意于正身，勉强于力行，损燕私之闲以劳天下。（《汉书·谷永传》）

要注意其中"奉帝王之职"这一说法。

到了北宋，有王安石的话。

夫合天下之众者财，理天下之财者法，守天下之法者吏也。……有财而莫理，则阡陌闾巷之贱人（在下城小道中居住的身份低下的人），皆能私取予之势，擅万物之利，以与人主争黔首，而放其无穷之欲，非必贵强桀大（等人物）而后能。如是而天子犹为不失其民者，盖特号而已耳。（《度支副使厅壁题名记》）

根据人的"取予"行为，天下的资财得以流动、分配。而天子的工作，正是要为这一天下资财的流动和分配确立秩序。在无法实现这一工作的情况下，由于"取予"而产生的天下资财的流动、分配便会出现不公平的偏斜，乘此而扩张权势的人物便会出现，并将人们聚集在身旁。这样的话，所谓"天子"便成了纸老虎，成为只是"符号"的天子。对于王安石而言，天子（天之子）这一词语本身只是一片神符，但这个时代并不是仅仅挥舞着神符便足够的时代。不依靠这种神符，而是将自己应该做的工作完成，才能真正成为被称为"天子"之人。

其次是熙宁二年（1069）十一月，在有关青苗法的问对中，司马光向神宗的进言。以下是在进讲之后，神宗特别设席并让其他人回避，与司马光和吕惠卿等一起对话的记录。

光曰："朝廷散青苗钱，兹事非便。"吕惠卿曰："光不知此事，彼富室（有钱人）为之则害民（拿来放高利贷坑害贫民）。今县官为之，乃所以利民也。"光曰：……惠卿曰："光所言，皆吏不得人，故为民害耳。"光曰："如惠卿言，乃臣前日所谓有治人无治法。"吴申曰："司马光之言，可为至论。"光曰："此等细事，皆有司（担当的官员）之职，不足烦圣虑（皇帝的考虑）。陛下但当择人而任之，有功则赏，有罪则罚，此乃陛下职尔。"上曰："然。文王罔攸（周文王不处理各种具体数额报告与审判），兼于庶言庶狱，惟有司之牧者（而只是将这些委托给相应的官员），此也。"上复谓光曰："卿勿以吕惠卿言遂不慰意。"光曰："不敢。"遂退。（《续资治通鉴长编纪事本末》卷五三[1]）

神宗在回答司马光时引用的是《尚书·立政》中的语句，与现在所见的《尚书》有些微字词差异，此处依据上下文的文脉来理解。

对于询问青苗钱对错的神宗，司马光给皇帝的权限设立了界限，认为应该将具体的政策委托给各个具体的担当部门负责，皇帝陛下不应该插手其间。只有选任担当事务的官僚，以及对其在职务中的功罪进行检查，才是"陛下之职"。当时的神宗皇帝22岁，司马光51岁。司马光如此责备神宗之后，神宗立刻接着话头以《尚书》中的语句进行反击。

对于宋代的皇国体制，有人将其称为"皇帝独裁"或"天子独裁"。不过，这一表达很可能会招来误解。如果依据这里介绍的司马光的言语，那么对于作为宰相以下的职之体系（即机关）而存在的国家的活动内容以及成绩好坏，皇帝是不能插手的。皇

---

[1] 此处原书为卷五二，但应该是卷五三。——译者注

帝所能做的，只是任命适合于这一机关各部门中各种职务的人才，并通过赏罚来评定各人的工作情况，以此来确保在实际中这一机关能顺利运作而已。在司马光的理解中，这便是皇帝的职分。

民政的做法——循吏与酷吏

在《史记》中广为人知的《循吏列传》和《酷吏列传》，是相互对应着成立的。"循吏""酷吏"中的"吏"，根据东汉许慎所著中国最初成体系的字书《说文解字》中的解说，是"治人者也"。正如《汉书·惠帝纪》中的"吏所以治民也"一句所言，"吏"泛指民政官。在《循吏列传》的开头，"职"字以"奉职循理"的形式出现。

> 太史公曰：法令所以导民也，刑罚所以禁奸也。文武（文王、武王之道）不备，良民惧然（猛然觉醒的样子）身修者（的原因），官未曾（用法令和刑法来）乱（民）也。奉职循理，亦可以为治，何必威严哉。

此处是说不用法令与刑法这种"威严"来实施民政，而是采用"奉职循理"的方法，也能实现"治"的状态，给世间带来安定。《循吏列传》便是列举通过"奉职循理"的方式来治理世间的人物的传记。

与之相对,《酷吏列传》的开头,则是如下的论述。

孔子曰:"导之以政,齐之以刑,民免而无耻。导之以德,齐之以礼,有耻且格。"(《论语》为政篇)老氏称:"上德不德,是以有德;下德不失德,是以无德。法令滋章,盗贼多有。"(《老子》三十八章)

太史公曰:信哉是言也!法令者治之具,而非制治清浊之源也。昔天下之网(法令之网)尝密矣(指秦代的事),然奸伪萌起,其极也,上下相遁,至于不振。当是之时,吏治若救火扬沸(被奸伪猖獗的事态所逼迫),非武健严酷,恶能胜其任而愉快乎!言道德者,溺其职矣。

法令之网如果过密,反而会使钻法网空子的奸伪行为蔓延,从上到下都只会考虑如何逃离这一法令之网,结果导致整个社会难以兴旺发达。这样的话,民政便会陷入恶性循环之中。由于法令之网走向越来越细密严苛的方向,只有崇尚暴力的严酷者,才能胜任这一工作,这便是酷吏。汉初取消秦代严酷细密的法令,采用了所谓"约法三章"的缓和方式,据云"而吏治蒸蒸,不至于奸,黎民艾安"。而在高后(吕后)的治世之后,重用酷吏的行为主要发生在武帝时代。据记载,武帝时代是酷吏活跃、跋扈的时代。

即便只是比较《循吏》《酷吏》两传开头的序说部分,也可以清楚看出二者是对应成立的。正是在"吏治"即民政官的"治民"之法的对比形式中,《史记》的作者提出了循吏、酷吏这一组概念。

另一方面,对于"循吏"的"奉职循理"一说。若把"职"字看作理解朱熹哲学图景的关键术语,并对此进行追踪的话,此处的这个"职"字正是在与"理"字(也是朱熹的中心术语)的关联中出现的,这点值得注意。

所谓"理"——"循"与"顺"

"循理"这一词语,与"文理"等词语一样,都是从《荀子》到《史记》的作者们所使用的词语。《荀子》一书,据称是秦始皇的宰相李斯的老师荀卿所留下的文本。在此引用与其相关的内容时,引文中出现的"孙卿"即是"荀卿"。

> 陈嚣问孙卿子曰:先生议兵,常以仁义为本;仁者爱人,义者循理,然则又何以兵为?凡所为有兵者(为何呢?),为争夺也。
> 孙卿子曰:非汝所知也!彼仁者爱人,爱人故恶人之害之(人)也;义者循理,循理故恶人之乱之也。彼兵者所以禁暴除害也,非争夺也。(《荀子·议兵》)

对于"循理"的"理",东汉许慎《说文解字》中有"理,治玉也"(一篇上,玉部),也有"顺,理也"的解释。

对于"循"字，在古典的注释中，经常见到"循，顺也"这一训诂。而在《说文解字》中，有"循，行顺也"（二篇下，彳部）的解释。

即是说，"循""理""顺"这三个字，都是在意义接近且相互关联层面上加以互训，甚至可以说是从不同侧面来对同一个事物的不同意义进行阐释。

首先从"顺"字来考察其意义。"顺"字的反义词是"逆"字。直接遵循某种流体的流动方向前进，这便是"顺"。而逆着这一流动方向往上游前进，这便是"逆"。在此，"逆"字还有"迎着"的意思。

而对于"理"，在清代段玉裁对《说文解字》所做的杰出注释《说文解字注》中，有对于"顺，理也"一句所加的注释。在此引用作为参考。

理者，治玉也。玉得其治之方谓之理（动词）。凡物得其治之方皆谓之理（动词）。理之，而后天理见焉，条理形焉。非谓空中有理（名词），非谓性即理也。顺者，理也。顺之所以理之，未有不顺民情而能理者。

根据段玉裁的解说，"理"首先是作为动词使用的词语，是指"着手处理（治）"玉的原石，并且制作成玉制品。不过，只有在得到了与作为对象的玉相匹配的"治法（方）"，并且能够顺利实施的场合下，才能够使用"理"这个字。从这点出发，一般说来，得到了适合各种治理对象的"方"来治理其对象的情况，都称作"理"。而所谓"天理""条理"等名词中的"理"，所指的便是在这种经过了实际的"理"（动词）的行为（即在针对各自对象的"治"之行为）顺利（而非不协调地）进行的过程之后，所获得的、与对象的实情更相贴切的做法，即正确的处理次序。也就是说，人作为行动者与对象发生关联，在此过程中，与特定对象之实情不合适的（即无理的）行为会失败，而通过彻底的经验试错过程，可以使得与各自对象的实情相贴近的"理"（名词）得以明确显现。据此，段玉裁对朱子学的观念，即认为"理"是"形而上"的实在这一点展开了批判。他明言"理"既不是"超越的存在"（空中有理），也不是"内在的普遍"（性即理也）。这一批判与"朱子学"的关系暂且不论，但对于朱熹本人来说是否恰当呢？正如序言中所述，在本书第二部分中，将要对历来朱子学和朱子学研究中不断重复论述的、所谓朱子的传统读法进行解析。在解析之后，这一问题自然会清楚。在此出现的"性即理也"一句，也将在第二部分第一章中详论其意义。

再回到《荀子·议兵》篇中的文本，其中提到"恶人之乱之（即理）""禁暴"，其中所云的"理"，要言之，大概即是指使事情得到平稳发展的这一"顺"的主线。因此，所谓"循理"，大概便是指（不反抗地）率直地遵循能使事情得到平稳地处理的、贴近这一事物之实情的主线而顺着前行的做法。

"职"与"事"与"理"

对于循吏的"吏治"行动,如果按照《史记》中所云"奉职循理"来考虑的话,同样可以参考《荀子》中下面的一段话。

> 古之所谓仕士(出仕的士大夫)者,厚敦者也,合羣(羣即群)者也,乐富贵者也,乐分施者也,远罪过者也,务事理者也,羞独富者也。(《荀子·非十二子》)

所谓"仕士",大概可以认为是"吏"。对于此处的"务事理",唐代杨倞(《荀子》的代表性注释者)的注释是"务使事有条理"。从"务事理"的"务"来看,可以推测其中"事理"的"事",是给予"仕士"的职务,即"职事"。不过,从《荀子》中还可以找出一个"职"与"事"关联出现的例子。

> 至道大形:隆礼至法则国有常,尚贤使能则民知方……然后明分职,序事业,材技(有技者)官能(有能者)……人之百事,如耳目鼻口之不可以相借官也。故职分而民不慢,次定而序不乱。(《荀子·君道》)

国家作用是由"职"群来分割的,对于应该完成的"职事"(事业),则通过确立秩序来进行排列,通过配置各种有技艺的、有能力的人来实现。人所要进行的很多"事",是由耳、目、鼻、口等无法相互替代的感官相互合作,各自作为不可欠缺的部分,通过分担功用而实现的。与此类似,如果把国家的"职"划分开,并将由全体中分割出来的、不可或缺的"职"给予民众的话,民众就不敢怠慢,整个"职事"体制便能得到整备,工作的流程便不会被打乱,国家作用便也能顺利地实现。

在此,"职"与"事"之间的关系大概清楚了,即是预先就部署好的被分解、被指定的"职务",与其中实际上由人们的行动来实现的"工作"(仕事)之间的关系。

如果回到《循吏列传》中的"奉职循理"一词,其意义是指:被赋予了"治民"这一职务的"吏",在其实际履行职务时必须要做的各种具体"职事"中,大体会按照其次序进行,使其事务得以"有条不紊地"顺利进展。

而所谓"理",即是指被给予了某"职"的人,在实际上推进其"职事"(しごと)的过程中,使其工作(仕事)得以顺利进行所遵循的"次序"。

在以上的第一部分中,结合朱熹的生平,我们概述了其生活的现场以及时代的现场(第一章),指出了朱熹生活的时代所面临的课题及其可能性(第二章)。此外还介绍了在面对这一课题与可能性时,潜藏在朱熹思考中的言语与思想的历史脉络(第三章)。朱熹正是在如此这般交错的生活现场、时代现场、历史现场、言语现场之中,赌上自己的一生,提炼出了在本书序言中介绍过的哲学图景。

在下面的第二部分中，将针对在以上"旅途"中完成的《四书集注》，选取第一部《大学章句》以及第二部《中庸章句》之中朱熹的注解文字，对其进行精读，据此来解读朱熹的哲学图景。

第二部分

畅游作品世界 《四书集注》中所见的哲学图景

第四章 | 读"天命之谓性"的注解
——《中庸章句》所见

首先引用朱熹对《中庸》文本开头"天命之谓性,率性之谓道,修道之谓教"一句中"天命之谓性"的注解。

【原文】天命之谓性。

【朱熹章句】命,犹令也。性,即理也。天以阴阳五行化生万物,气以成形,而理亦赋焉,犹命令也。于是人物之生,因各得其所赋之理,以为健顺五常之德,所谓性也。

"命犹令也"是怎样的注释?

首先,是注释的开头一句"命犹令也"的训诂问题。所谓训诂,是指解释原文中古语的含义。在朱熹的《中庸章句序》中,开篇便说:"中庸何为而作也?子思子忧道学之失其传而作也。"子思是孔伋的字,是孔子的孙子,据说曾跟随孔子的弟子曾子学习。在朱熹的认知中,《中庸》是从朱子的时代往前追溯1600年出现的文本，因此其中使用的词语全都是古语。"命犹令也"这一句注释，指原文中"天命"中的"命"，具有与朱熹当时的词语中的"令"大致相当的含义。不过，由于"命"这一词语在朱熹的时代也被使用，如果朱熹等人当时使用的"命"字与原文中"天命"的命具有相同意思的话，朱熹原本可以不做特别的注解。毋宁说，不管是"命"还是"令"，作为古典之中的词汇，同样也在朱熹等人的使用词汇中，这些词语作为古典语汇所拥有的厚重意味，也都在他们心中具有了印象。因此在朱熹看来，包括古典的用例在内，虽然"命"与"令"在大的方面能够相互替换，但其实他更意识到了两者之间存在着某种不同。只有这样，原文的注释"命犹令也"一句，才具有意义。

沿着这一思路来看，对于原文中的"天命"这一在日本也广为人知的词语，便不能依常识理解，即不能按照普通认为的意思来理解。朱熹在这里说的是，必须将"命"置换成"令"，用"天令"这一形式来理解"天命"一词的含义。

现在我们所阅读的朱熹的注解《中庸章句》，是什么时候完成的文本呢？这其实是一个很难回答的问题。因为朱熹将一生的精力都注入了对于《四书》的注解当中，即使到了晚年，也在不断地进行增添、改订。前文言及的《中庸章句序》中记载的日期是"淳熙己酉年（十六年）春三月戊申（十八日）"（1189年4月5日）。我们大致可以推测，由于朱熹判断此时可以写"序"了，所以当时注释的形态应该已经基本确定。这时朱熹的年龄为60岁。以此为基准，在被考订为距此29年前所写的《杂学辨》这一笔记中，朱熹对于张无垢（即张九龄，无垢是别号）进行了批判。张九龄针对"天命之谓性"写作了"解"，而朱熹在批判中引用西汉董仲舒的"命者天之令也，性者生之质也"一句，并评价"可谓庶几子思之意"。即是说，这个初看起来似乎没什么问题的"命犹令也"的训诂，与朱熹多年前就注意到的董仲舒"命者天之令也"这一句重合了起来。如果将董仲舒那句话中的"命"与"令"说成意思完全相同的话，也就成为无意义的同义反复了。只有在将"命"与"令"的意思区分开来后，这一句话才具有意义。

董仲舒的这句话，载在《汉书·董仲舒传》，见为答复汉武帝各种质问的"制"而写作的"对策"之中，是对于汉武帝"三代受命，其符安在？……性命之情，或夭或寿，或仁或鄙，习闻其号，未烛厥理"这一质问的答复部分。"符"是指中央政府发给的"割符"，例如"铜虎符"，事先将符的一半给予郡太守，当朝廷要派遣使者到某个郡征发兵士时，就让使者持着另外一半，抵达郡之后合在一起，以此来证明该使者被赋予了相应的权限。可以说，这是用来证明某人被授予了某种特定使命的信物。汉武帝质问的是，对于三代的各个王朝，例如夏禹、商汤、周武王，用来证明上天降下"成为天下之主"这一"命"的"割符"是在何处？对于汉武帝所提出的与"命"相关的"符"的问题，董仲舒在此用"命是天之令"一句来答复。即是说，对于"符"，是用"令"来回答的。

在董仲舒的其他"对策"中，也出现了"天令谓之命"的语句。细绎文脉，下文中有"人受命于天，固超然异于群生，入有父子兄弟之亲，出有君臣上下之谊……"即是说，此处的"命"，并不是对于个别的像禹与汤那样的个体所降下的特定命令，而是对于作为人的生者，抑或是作为"类"的人所给予的"就这样"的一般性命令。如果将此处内容与对于"符"做出"令"这一回答的内容合在一起考虑的话，可以认为董仲舒在这里所说的"令"，便是与"符"相同的，由中央政府所发给，在当时的史料中以"律、令"和"法、令"等形式出现的"令"这一事物。据"张汤……与赵禹共定诸律令，务在深文，拘守职之吏"（《史记·酷吏列传》）中所称，可以将"律、令"理解为是一种与"职务令"相关的东西。此外，还有"故令者教也，所以导民人；法者刑罚也，所以禁强暴也"（《盐铁论·诏圣》）的说法，可以确认，"令"是被称为"这样做"的一种"职务令"。

总之，对于汉武帝站在古典的"天命""受命"观念上所提出的质问，董仲舒在回答中认为"天命"一词其实是"天令"，即是对于普遍的人所课与的"这样做"一种"职责"的命令。可以说，他提出了"天命"观念的转换。

朱熹则接受了由董仲舒而来的"天命"观念的转换，据此来解释《中庸》开头的"天命之谓性"。以上便是"命犹令也"这一训诂的意涵。

两个"命"

若检索《论语集注》中与"天命"和"命"有关的朱熹注解，

可以发现很有趣的内容。那便是，在《论语》的原文中，在"命"字明显指通常所谓"命运"意义的例子中，朱熹仅仅是简单地说"命谓天命"（《雍也》"伯牛有疾"章、《先进》"回也其庶乎"章）。对于朱熹而言，"天命"的普通含义就是"命运"，即分配给各个人的不同的"命运"。另一方面，对于《为政》篇中"五十而知天命"中的"天命"，朱熹的注释却并非如此简单，而是"天命，即天道之流行而赋于物者，乃事物所以当然之故也"。这与此处所讨论的《中庸章句》中对"天命之谓性"所做的注释相一致。即是说，对于《四书》等古典中的"天命"一词，朱熹准备了两种解释。

而且在《论语或问》的卷十四中，首先是称"命者，天理流行赋于万物之谓也"，在此基础上，其后对于"赋"有两个解释。

然其形而上者谓之理，形而下者谓之气。自其理之体而言之，则元亨利贞（次章论，见本书110页以下）之德，见于一时而万古不易。自其气之运而言之，则消息盈虚（消失、滋生、充盈、空虚）之变，如循环之无端而不可穷也。

此处所言乃是"天理流行"（天理流行，参见本书144页以下）的场面。其次则转变为"万物受命于天以生……其既生也"，以及对于"万物"场面的如下叙述。在此，"万物"是指"群生（即一切生物）"。

万物受命于天以生，而得其理之体。故仁义礼智之德，根于心而为性。其既生也，则随其气之运，故废兴厚薄之变，唯所遇而莫逃。

据以上的分析，朱熹在此处是将"天"对于"万物"的"赋"当作"命"，接着有如下的两种分析。若将原文转为图示，则有下图：

（万古不易）
理之体＝元亨利贞之德→仁义礼智之德＝根于心而为性

（循环无端）
气之运＝消息盈虚之变→废兴厚薄之变＝唯所遇而莫逃

天理流行——命·赋——万物

与此相配合，若将此处要讨论的"天命之谓性"的注解文本中的内容，也转为图表，则如下图所示。

阴阳五行之气——化生——→万物之形
阴阳五行之理——赋焉——→人·物之健顺·五常之德＝性

在这里首先讨论"气"的问题。在"健顺五常之德"中，"健"是《易》中的乾卦（纯阳）之德、同时"顺"是坤卦（纯阴）之德，由于"五常"即"仁义礼智信"是各自对应"五行"的"木火金水土","气以成形,而理亦赋焉"中的理,则必然是"阴阳五行之理"。而且,"以气成形"中的"形"是"形影"的"形",即是只要有日光与月光便能造出"影"的,用手可以触及的"群生"之躯体。而且在朱熹等人的理解中,"形(躯体)"与"气"是不同的。人、物之死,意味着"气"从"形(躯体)"中离散出来,"形(躯体)"返回土地。那么,"赋焉"具体是指什么含义呢?对于这一问题,将在下章精读朱熹对《大学》开头"明德"一句的注释文本时进行探讨。

仅就解释"性"的语句"天命之谓性"而言,"天命"的"命"就是通常所说"天命"之"命",而不可能是"气之运转"所指的"命"。"形(躯体)"作为"群生"之躯体,由于是随着"气之运转"的偶然而生成,所以不会是一个同样的东西,即可以说终究是个体性的事物。但另一方面,"性"是接受了"万古不易"的"理",是不会被一个个的形(即躯体)的个别性差异所左右,是位于"形而上(这个形也是指躯体)"这一层次,并被公共地赋予的东西。

郑玄的注释

在考察"命"与"令"的差异之前,先介绍在朱熹之前的代表性注释,即东汉郑玄的注释。郑玄对于"天命之谓性"有如下的解说。

> 天命，谓天所命生人者也，是谓性命。木神则仁，金神则义，火神则礼，水神则信，土神则知（智）。《孝经说》曰："性者，生之质；命，人所禀受度也。"（《礼记注疏》）

虽然天是依循五行之气而生人，但是在生成各个不同人的时候并不是按照相同的五行之气的配合（度）来生成，而是按照各自不同的配合（度）而产生差异。他认为，所谓"天命"，即是各个不同人与生俱来的，并由天所决定的、特定的五行之气的配合比例。例如若"禀受"了较多木之气的话，就会成为具有较强仁之特质的人，等等。

唐初孔颖达在编纂《五经正义》时，基于郑玄的注释而对"天命之谓性"做出了解说，引用如下。

> 天命之谓性者，天本无体，亦无言语之命，但人感自然而生，有贤愚吉凶（之质），若天之付命遣使之然，故云"天命"。……但人自然感生，有刚柔好恶，或仁、或义、或礼、或知、或信，是天性自然，故云"谓之（即天命）性"。（《礼记注疏》）

人之天生特质因人而异，这就是"自然"，宛如天所命的便是如此，因此叫作"天命"。

郑玄的注，以及据此而来的孔颖达的疏，都是将"天命"理解为各个人与生俱来的不同。因此将"性"也理解成是人各不相同的天生特质，即个体化的"质"。若根据朱熹的分析，则是将

"天命"之"命"理解为所谓在"气"中的"运行"（流转）这一含义。郑玄与孔颖达对于"天命"的解释毋宁说是普通的解释，而且此处对于"天命之谓性"的解释，也可以说是获得了传统权威的加持。朱熹的"命犹令也"的训诂，则是针对这一传统的解说，在董仲舒解释的基础上，将对"天命"的解释从个体的事物上转移开，将"性"的解释也从各个相异的个别之"质"上转移开，直接转变为超越了个别的"质"之差异的同一的普遍性——这是一个具有颠覆性意图的训诂。朱熹对于"性"之解释的转换可谓带有革命性，而为此做出准备的，则是北宋时期与王安石同时却要年轻一代的程颢、程颐兄弟。他们所提出的用来指称普遍性的名词，正是"理"。

"性即理也"的革命性转换

在朱熹的注解中，"命犹令也"之后出现的是"性即理也"一句。这一句恰恰是程颐的话，标志着对于"性"的解释从个别性到普遍性的革命性转换。在朱熹收集、校定的程颢、程颐的言论集《二程遗书》的"卷二十二上"中，可以见到"又问：性如何？曰：性即理也"。而且，这一句也载于由朱熹和吕祖谦（东莱先生）共同编撰的哲学入门书《近思录》卷一中。《近思录》收录了程颢、程颐等北宋时期哲学家的语录。

首先若看原文的话，要注意"性即理也"一句中"即"字的语感。在入矢义高监修、古贺英彦编著的《禅语辞典》(思文阁出版，第273页，1991年)中，对"即"的解释为"是……。就是……。在无媒介、无条件情况下将二者等同。语气比同样是系词的'是'和'为'更加强烈"。可见该词并不只是冷静地指出命题，而是有着"实际一语道破，正是"的口吻。对于读者或者听者而言，"即"所表现出来的是一种所谓"喝破"的口吻——仿佛朱熹在说：所谓的"性"，也许不是你们想象的那个含义，实际上也并非别的含义，而正是"理"。

最初，"天命"的普通含义被"命，犹令也"一句所颠覆，承接其后的则是程颐的革命性的话"性，即理也"，以十分肯定的态度，将对于"性"的理解从此前由"气运"来决定的个别的"质"，转变成了万物齐同的普遍的"理"。

"命，犹令也；性，即理也"，在这关联的两句中，朱熹将《杂学辨》中所引用的董仲舒的"命者生之令也，性者生之质也"中的第二句换成了程颐的句子，或许有着据此来补充第一句中指出的"天命"理解之转换的意义。即是说，朱熹将董仲舒的"命者天之令也"所持有的重大意义，通过程颐的"性即理也"一句来赋予完整的理解，并且使其最终完成。

道统的传承——《中庸章句序》

《中庸》原文的开头，在"天命之谓性"后接着的是"率性之谓道，修道之谓教"，即是从"天命"开始，"性""道""教"相互关联着展开。根据对"天命"与"性"的具体思考方式的改变，其后的所有理解方式都发生了变化。可以说，正因为有程颐那一句话存在，将对"性"的理解从个别性转换为普遍性，朱熹才得以对《中庸》展开新的注释。

在载有日期"淳熙己酉年春三月戊申"的《中庸章句序》中，朱熹论述了程颢、程颐兄弟的出现所具有的重要意义。在此先进行介绍。

朱熹首先提出《中庸》为何而作这一问题，随后回答道，子思是由于忧虑"道学"将失去传承而作《中庸》。随后他叙述了从上古而传来的"道统"，介绍了尧在将"道统"传给舜时是有一句"允执厥中"，而舜在传给禹时则增加了三句成为"人心惟危，道心惟微，惟精惟一，允执厥中"。而且对尧舜禹之间传授的"道统"内容进行了解说，其中称："而其授受之际，丁宁告诫，不过如此。则天下之理，岂有以加于此哉？""道统"传来，至于"吾夫子"（孔子）。"吾夫子"虽然没有获得地位，但是在继承往昔传来的"道统"，开拓未来这一点上，"其功反有贤于尧舜者"。不过能直接接触在孔子这里集大成的"道统"，传承其直系的人只有弟子颜氏（颜回）、曾氏（曾参）二人。孔子的孙子子思虽然从曾参那里继承了道统，但是已经距离圣人的时代较远，异端邪说开始出现。子思由于担忧在"道统"传承中会丢失其真正的形态，所以才写作了此书《中庸》，"历选前圣之书，所以提挈纲维、开示蕴奥，未有若是之明且尽者也"。"道统"传到孟子处，孟子传承了该书并且使其更加明白,但随着孟子的去世,道统的传承也断绝了。

则吾道之所寄不越乎言语文字之间(没有传递真义的人,只能以文本的形式流传),而异端之说日新月盛,以至于老佛之徒出,则弥近理而大乱真矣。然而尚幸此书之不泯(幸运的是《中庸》这一文本没有湮灭),故程夫子兄弟者出,得有所考(获得了自己的思考所依据的文本),以续夫千载不传之绪;得有所据(获得了自己的思考所依据的文本),以斥夫二家(老与佛)似是之非。盖子思之功于是为大(正因为有程颢程颐兄弟复活了"道统",提供了能够作为排斥老、佛学说之思考所依据的文本,所以子思的功绩就很大了),而微程夫子,则亦莫能因其语而得其心也。(《中庸章句序》)

《中庸》乃是"道统"的"提挈纲维,开示蕴奥",而所谓"性即理也"一句,可以说是确定了《中庸》文本的解说方向,是由"程夫子"所喝破的开创性的一击。

"命"与"令"

回到"命犹令也",再进一步来看"命"与"令"之间的差异。正如此前所言,在朱熹等人所使用,以及他们所掌握的古典语汇中,如果"命"与"令"的意义没有差别的话,那么"命犹令也"这一个注解也就成了无意义的废话。在日本,由于经常使用汉语"命令"这一固定词组，日本人对于"命"与"令"之间的差异并不敏感。

首先，著者想就"命"与"令"之间的意义差异，介绍一个本人注意到的例子，即《吕氏春秋·十二纪》的例子。从"孟春（一月）"开始。

孟春之月：日在营室（于黄道上所设定的二十八星宿之一）。……是月也，以立春。……（天子）命相布德和令。……乃命太史，守典奉法。……王布农事，命田舍东郊。……命乐正入学习舞。乃修祭典，命祀山林川泽。……

孟春（一月）行夏令，则风雨不时，草木早槁，国乃有恐。行秋令，则民大疫，疾风暴雨数至，藜莠（灰菜与狗尾草）蓬蒿（艾蒿的同类）并兴。行冬令，则水潦为败，霜雪大挚，首种不入。

"命"是"天子"对于"相""太史""田""乐正"等有各种不同职务的特定人物发出的一次性命令，指示他们具体的"做这些"。而"令"是在各个季节中，确定包括"天子"与"王"在内的人应该做什么，"天子"与"王"应该向谁"命"什么等的"规定"和"惯例"。

古代"命"的重要的用法，出现在此前言及的汉武帝在"制"中所说的"三代受命，其符安在"那样的例子中，即是说由上天将委派天下之"命"降下给某个人物。《孟子》中的下一段大概恰恰证明了"命"这一词语的语感。

万章曰:"尧以天下与舜,有诸?"孟子曰:"否。天子不能以天下与人。""然则舜有天下也,孰与之?"曰:"天与之。""天与之者,谆谆然命之乎?"曰:"否。天不言,以行与事示之而已矣。"(《孟子·万章上》)

对于"谆谆"一词,朱熹称"详语貌"(《孟子集注》),即为表现详细解说的样子。在"命"这一个词汇内,包含着直接面对面式的、通过相互对话来"命令"的这种语感。在这一段的文本中,万章一面是特别用"谆谆然"这一形容词来强调其语感。另一方面,孟子则用"言"这一词语,来承接了"命"的语感。大概可以这样理解,"命"是特定的人对特定的人所实施的,通过非常生动的声音行动来直接做出的个体性指示。

另一方面,"令"则是没有个体性地设定为何时、何人的"规则",或者说是以公开这种"规则"的形式而出现的公开指示。《吕氏春秋·十二纪》中的"夏令""秋令""冬令"等"令"便是这个意思,正是与"律令""法令"的"令"相通。下面介绍朱熹论述这种"令"的文本。

敕、令、格、式

以下是《朱子语类》中的文本(该书是弟子们所记录的朱熹讲义和谈话等口头言论的笔记集成),引用其中两条记录。

或问:"'敕、令、格、式',如何分别?"

曰:"此四字乃神宗朝定法时纲领。……神庙天资绝人,观此数语,直是分别(敕、令、格、式)得好。格,如五服制度(如丧服的规则等)……式,如磨勘转官,求恩泽封赠之类(如人事的规则)……令,则条令禁制其事不得为、某事违者有罚之类,(神宗皇帝)所谓'禁于未然'者。敕,则是已结此事,依条断遣之类,(神宗皇帝)所谓'治其已然'者。"(《朱子语类》卷一二八)

某事合当如何,这谓之"令"。如某功得几等赏,某罪得几等罚,这谓之"格"。(同上)

在前一条中,"令"是"其事不得为"的这种禁止规则。而在后一条中,"令"则是除了禁止规则之外,还给出这种工作应该"如此行动"的行动准则。

涉及"百姓"之事(しごと)——《天圣令》

如果阅读冠以年号"庆元"(朱熹一生也在此年号内去世)的史料《庆元条法事类》,可知"令"的含义是表示国家组织对于各部门在实施具体实务时候,应该具体"如何做"的事项规定。因此,前文引用的《朱子语类》中所言"某事合当如何,这谓之令"中加上着重号的"某事",大概可以理解为是指官僚组织中各个部门所执行的实务,即意味着必须要完成的工作。

"令"的具体形态，可以从北宋仁宗天圣七年（1029）修订的《天圣令》中看到。最近刊行了《天一阁藏明钞本天圣令校证》（中华书局，2006），从中可以看到《天圣令》的一部分，田令、赋令、仓库令、厩牧令、关市令、医疾令、狱官令、营缮令、丧葬令、杂令都是通过明代手抄的书册流传下来。下文用田令和仓库令进行展示。

田令

（第一条）诸田广一步、长二百四十步为亩，亩百为顷。

（第二条）诸每年课种桑枣树木，以五等分户，第一等一百根，第二等八十根，第三等六十根，第四等四十根，第五等二十根。各以桑枣杂木相半。乡土不宜者（怎么办呢），任以所宜树充。内有孤老、残疾及女户无男丁者（怎么办呢），不在此根（限）。其桑枣滋茂，仍不得非理斫伐。

（第三条）诸官人、百姓，并不得将田宅舍施及卖易与寺观。违者，钱物及田宅并没官。

仓库令

（第一条）诸仓窖，皆于城内高燥处置之，于仓侧开渠泄水，兼种榆柳，使得成阴。若地下湿，不可为窖者（怎么办呢），造屋贮之，皆布砖为地，仓内仍为砖场（以砖铺成的厅），以拟输户量覆税物。

从中可以清楚看到，当时的"令"是非常具体的职务条项。

而且从中还可以看到,职务的设定范围不仅包括"官人",而且还涉及"百姓",可以将植树与纳税等都看作是要求民户履行的"职务"。

总的来说,所谓的"令",是对应着某个职位,并针对在该职位上担当职务的不特定的人的具体的实施行为,所预先设定的与职务相关的规定条款。这一职位上的具体的实施行为,在此称为"职事"。"令",则可以称为"职务条规"。而且如上所述,"令"的内容还能涉及"百姓"。另一方面,"命"则是在特定的时间点针对特定的个人,以特定的指令来实施的直接的个体性命令。

"性"是职务条规

"天命之谓性"的训诂"命犹令也"一句,是基于西汉董仲舒的"命者天之令也"这一对于"天命"理解的转换,表现了朱熹当时已经显现出来的对皇帝国家之理解的转变。

这一转变是指对于本书第一部分第二章中所见的皇帝国家的理解而言的,即将其从个体性的人群集团的图景,转变为公共的"职"之体系(即机关)这一图景。

以上对皇帝国家的理解,是从与"命"相关的个体性的关系集团,转变为"令(即职务条规)"这一体系所创造的机关。在接受了此一转变后,若把"天命之谓性"读成"天令之谓性",则"性"就是"天"所"赋"予"万物"(群生)的职务条规,即是对被委任的职务相关的各个具体实施行为，即对"职事"的内容、顺序进行预设规定的职务条规。

在《朱子语类》中，出现了直接表达这一含义的语句。在本书第一部分第二章中也介绍了一例，在此再介绍两例。

心大概似个官人，天命便是君之命，性便如职事一般。（《朱子语类》卷五）

天便如君，命便如命令，性便如职事条贯。君命这个人去做这个职事。（《朱子语类》卷五八）

从后一例来看，"命"正是"任命"，即皇帝对于特定的个人所下达的、要他完成特定职务的命令，从这一点可以看到"命"就是此时此刻的一次性的事件。不过在这个职之中，对于实际上如何做这一职务内容，并不是在任命时各自分别给予指令，而是由与该职相关的"令"来预先规定的。总之，根据《朱子语类》中记录的这些文本，"天命之谓性"中的"天命"，其实也可以不用特意换读为"天令"。如果把"命"读为"任命"，这必然是对某个人"命"某"职"之事，因此，在"命"之中，可以认为已经同时包含了作为"令"而存在的"职事（与职相关的事）"内容。

那么，"性"作为职务条规的话，"万物"，或者说"人·物"，是被"天"任命了何种"职"呢？下面，将通过精读朱熹对于《大学》中"明明德"和"致知在格物"这两句的注解，来探讨这一问题。

第五章 | 读"明明德"的注解
——《大学章句》所见（一）

下面，首先探讨朱熹对《大学》原文开头的"大学之道，在明明德，在新民，在止于至善"中"明明德"所做的注解文本。

【原文】在明明德。

【朱熹章句】明，明之也。明德者，人之所得乎天，而虚灵不昧，以具众理而应万事者也。但为气禀所拘，人欲所蔽，则有时而昏；然其本体之明，则有未尝息者。故学者当因其所发而遂明之，以复其初也。

"明明德"的第一个"明"字是动词，意思是"使某物明"。"明德"则是指，由天所给予人的"成为自己的（'所得'）东西（即'德'）"，是一种处于虚灵状态，没有一丝阴霾的"气"之团块。这意味着人自身预先准备好了各种"理"（可理解为感应程序），当要应对眼前所发生的、他者的生之状态时，便会启动与之适应的被称为"理"的东西，以此来感应他者的生之状态。例如，在"(赤子入于井) 不救会如何"这种感受的驱使下，此时在心中出现的、必须做到的"作为人之职责（即'事'）"的功用（即救人），便是这样的"气"之团块（即"明德"）。不过，正因为这是"气"的团块，所以由怎样的"气"来构成，便产生了各种差异。而且，由于从各个肉体（作为各个存在所据之处）中起源而来的"饮食、男女之欲"等欲求也缠绕其间，不时会导致"明之状态"中出现阴霾，产生出对于他者的生之状态无法直接感应并作用的情况。不过，"明德"本来的"明的性能"是生来就具有的，不会消失。因此，"自身学圣人参天地之化育（即'学'）"者，发现自身的"明德"不时地会发生感应而起作用，由此得到线索要守住"明德"。而当下的我已经生出了阴霾，若要把"明德"重新带回到"明德"本来的"明之状态"去，则必须取回生来就被赋予我的"明德"的"明之性能"。

关于"明"

首先讨论"明德"的"明"在古典汉语中的意义。在日本语中，当"明"字被直接读作"あかるい"（明亮）时，意思似乎立刻就被理解了。但当继续问"あかるい"到底是什么意思时，又无言以对。

若注意《朱子语类》中所记载的朱熹有关"明德"的言论，可以看到两种情况，一种是将"明德"比喻为"灯"一样的发光体，另一种则是将"明德"比喻为"镜"。不过"镜"这一形象的使用次数更多。而且如果谈到现在讨论的注解文本，在对"明德"的说明中有"虚灵不昧"一句,大概可以认为此处也是将"明德"形象化为"镜"后所做出的注解。

在"明镜止水"这一四字成语中,"明镜"是指"明亮的镜子","止水"是指"静止的水",两者都是形容心处于平静清澈时的状态。那么对于"镜"而言的"明",到底是什么意思呢?

可以作为参考的,是在《朱子语类》等文献中,与"明"和"照明"等都密切相关的"照"字的用法。"照"这一词,可以用来形容"灯"等发光体,同样也可以用来形容"镜子"。

对于镜子而言的"照",归纳它的用例,我们最初是从"照出(映出)"的意义上来使用的。

如镜本明,被外物点污,则不明了,少间磨起,则其明又能照物。(《朱子语类》卷一四)

此一前提是,当时的镜子是通过对金属板进行擦磨而制成的,擦磨得好,则物的形象便能很好地照出。这种镜的状态,便被称作"明"。

"照"有"照出"的意涵,这一点在前列《禅语辞典》中也有说明,其中对"照面"一词的解释是"指镜或水镜将人脸映照出来",还特别指出"不是照亮的含义"(《禅语辞典》,第219页)。

说到"明镜止水"中的"止水",是指在平静而没有起波的水中,像被称作"水镜"那样将物的形象很好地映照出来,因此与"明镜"相同,都是形容"心"处于平静清澈状态的用语。

与镜子例子中同样用法的"明"字,也用来形容人的瞳眸。四字成语"明眸皓齿"中的"明",便是一例。归纳这些用例可知,就像擦磨好的镜子将物的形态清晰地"照出"来一样,在瞳眸之中,也能清晰地将外界事物之形态"照出"来。

朱熹等人对于身体的理解是,在眼、耳等感觉接收器中充满了被称为"魄"的特别清澈之"气",拥有"感应"的能力,对于外界的事物,能够以"感到—应对"的形式将该事物的情报接受性地复制下来。若说到眼,在瞳孔中之所以能清晰地"照出"物的姿态,是由于眼的"魄"将外界事物的姿态复制引入了自己的内部,并传达到"心",这便产生了视觉上的认识。顺带一说,与"魄"的接受能力相反,思考与计算等积极建构的能力,则是由熟称"魂魄"中另一面的"魂"来承担。

不管如何,据此也能对日本汉语中经常使用的"聪明"一词中的"明"的原初含义,有一个较好的理解。这个"明"是指眼的明,即描述一种对外界的事物能够无遮蔽复制的"眼球"的状态,而"眼球"本身并不是发出光辉的地方。"聪"则是描述将进入耳朵的言语无遗漏地接收,很好地听取的状态。可以看到,"明君"(《孟子·梁惠王上》)、"明王"(《左传》)、"明主"(《韩非子》)等一系列的明字,其意义大概都是从中引申出的。

对于与"照""明"相关的"镜",朱熹等人是如何理解的呢?下面对该问题再进行一个综合考察。金属的内部深处充满着光的团块,这一块块的团块,拥有着通过"感应"而在其内部的光团中将来到其面前的物品的姿态复制出来(即照出)的"感应"能力。

所谓镜，便是指通过擦磨，使金属块能够达到临界域，让其所持有的感应能力能够立刻发挥。

在这个注解中，朱熹将"明德"的"明"字，理解为这样的"镜"的形象，并据此提出了各种分析和理解。我们在阅读此处的注解时，须首先注意此点。

"明德"与"明命"

朱熹《大学章句》中的《大学》文本，是根据《礼记》所记载的文本进行整理，再编集为"经"一章和"传"十章的整饬形态。

据朱熹所言，这个"传"的"首章"即第一章，是解释"经"的"明明德"一句。其文字如下。

《康诰》曰："克明德。"《大甲》曰："顾諟天之明命。"《帝典》曰："克明峻德。"皆自明也。

对于《帝典》，朱熹的注是《尧典》。《康诰》《大甲》《尧典》，都是《尚书》(《书经》)中的篇名。朱熹在"大学之道，在明明德……"之后的"经"的末尾，附上了一句"右经一章，盖孔子之言，而曾子述之。其传十章，则曾子之意而门人记之也"。即是说在朱熹看来，这一"传"的"首章"，是曾子以孔子的"明明德"为文本依据所做解说的记录。"天之明命"或者"明命",以及"峻德",都归结到"经"的"明德"这一词语上。即是说,"天之明命"与"明德",都是同一意思的不同的古典称呼。

对于"《大甲》曰:'顾諟天之明命。'"一句,朱熹的注解如下。

顾,谓常目在之也。……天之明命,即天之所以与我,而我之所以为德者也。常目在之,则无时不明矣。

如果将"天之所以与我,而我之所以为德者也"这一表述,特别是"我之所以为德者"一句,与同"明德"相关的"人之所得乎天"一句进行比较思考,那么可以认为朱子是将"明命"理解为"明德"的种子。

从与"明德"相关的"人之所得乎天"一句,以及朱熹使用的"得"字来看,他是用"得"字来说明"明德"的"德"字的含义。对于《论语·为政》的开头"子曰:为政以德"的"德"字,朱熹的注解是"德之为言得也,得于心而不失也"。这是基于"德"与"得"的语音相同,认为"德"的语源是"得"字,即根据训诂认为"德"这个字是"得"字的派生。若据此,则"明命"是指天将"任命(给予的命令)"赋予人时候的媒介,而"明德"是指人接受了这一"明命",并以此为种子,将通过任命而被授予的天之"令"变作自己的东西(得到)——"德"。

在《朱子语类》卷十六中,记录有朱熹关于"天之明命"的如下言论。

因说"天之明命",曰:"这个物事,即是气,便有许多道理(活动程序)在里。人物之生,都是先有这个物事(天之明命),便是天当初分付底。既有这物事,方始具是形(躯体)以生,便有皮包裹在里。若有这个(天之明命),无这皮壳,亦无所包裹(不可能存在具有形的个别的人与物)。如草木之生,亦是有个生意(生命气息)了,便会生出芽蘖;芽蘖出来,便有皮包裹着(生意)。"

在同一卷中,还有如下另一段记录。合起来思考,大概就能明白朱熹在"天之明命"中看到了什么。

且如天地间人物草木禽兽,其生也,莫不有种,定不会无种子白地生出一个物事,这个(种、种子)都是气。若理,则只是个净洁空阔底世界,无形迹,他却不会造作;气则能酝酿凝聚生物也。但有此气,则理便在其中。

"天之明命"即是"气",是群生随着出生而带来的,作为初发的"生命(いのち)"之种。"明德"则是指直至死前,都能不断对这个种子进行调整,使其复归自我"明命"根源的东西。"明命"是从天的视点来说的,"明德"则是从各个人与物(生物)的视点来说的。

"明命"与"职""事"

《朱子语类》是弟子们记录的朱熹的言论合集。以上根据《朱子语类》中的文本所做的对于"天之明命"的考察,也可用朱熹自己写作的文本来确证。这便是《大学或问》中的文本。

《或问》是指由问答体的方式形成的注解、解说之书。对于"四书"的全部内容,朱熹都写作了"或问"。在《大学或问》中,对于《大学》之"经"的最后部分,提出了如下问题:在《大学》的结尾是"明明德于天下",与"天下"相关的是天子与诸侯,若非天子和诸侯,那么学习《大学》是不是就是"思出其位,犯非其分"的僭越行为呢?对此,朱熹回答道:

曰:天之明命,有生之所同得,非有我之得私也。是以君子之心豁然大公,其视天下,无一物而非吾心之所当爱,无一事而非吾职之所当为。虽或势在四夫之贱,而所以尧舜其君,尧舜其民者,亦未尝不在其分内也。

"有生"是指"有生命者",可以理解为是"群生"。由于"天之明命"可谓是一切生物同样获得的东西,因此最终都被叫作"生命(いのち)"。"有生"正是由于获得了"天命"才为"有生"的根源,可称为"生命"。于是,朱熹便将作为生之根源的"生命"称作"非我私得之物"。若用第一部分第二章中所用的论述方式来说，作为生之根源的"生命"便是"吾（われ）[1]"这种存在的核心，但是并非"吾"的所有物，不是自己可以自由处理的物件。对于群生而言，所谓"生命"乃是"公"的事物。对于"吾"来说，由天赋予的这个"公"的"生命"，真率地将"生（いきる）"这一职务布置给了吾。这样，在"豁然大公"的君子眼前所展开的"天下"图景便是：对于群生的"爱"，以及对爱的诸"事"（しごと）所制定的条规，本身就包含在"生命"的职责之中，而群生履行此职责所生出的乃是大的信用秩序的世界，同时也是群生将自己的"生命"互相打开后，进行活泼交流的世界。

"明德"与"心"

《孟子·尽心上》的开头是"孟子曰：尽其心者，知其性也，知其性则知天矣"。对于这一句，朱熹的注解如下。

心者，人之神明，所以具众理而应万事者也。性则心之所具之理，而天又理之所从以出者也。

在此，将朱熹对于"明德"的注释进行并举。

---

[1] 这里的われ（吾），其含义与序言中出现的わたし（我）有所区分。わたし（我）是更加个体性的自我，而われ（吾）则更加带有类的含义，例如われわれ（吾等），便不单单指具体身边的"我们"（わたしたち）这一群人，而是指"我们这一类人"。例如朱子所说的便是"吾心之全体大用"，便是这个含义。
——译者注

明德者，人之所得乎天，而虚灵不昧，以具众理而应万事者也。

若将对于"心"的解说，与"而虚灵不昧，以具众理而应万事者也"的解说合读，大概可以清楚地看到在朱熹的理解中，《大学》里所说的"明德"，与《孟子》中所说的"心"是同一个事物。所谓"明德"，便是从特性的角度来称呼"心"的词，即指：心之"明"的性能，便是来自于天而成为自己的东西（得到）之"德"。

明德是具有众理之气

对于"天之明命"，朱熹认为是"气"。若如此，则与"天之明命"在实态上为同一事物的"明德""心"，也都是"气"。那么"气"是什么呢？如果根据与"明德"和"心"相关的解说"而虚灵不昧，以具众理而应万物者也""所以具众理而应万物者也"来考虑，可以有如下理解。

即是说，气是"以具众理而应万事者也"。

什么东西能将外物的形态复制到内部去呢？例如说到镜的话是金属的团块，若说到水镜的话则是水的团块，这是我们所称为"物质"的东西的团块。如果用视觉感官的眼睛来说，即是在作为躯体一部分的眼球之中充溢的被称为"魄"的"气"。用耳朵来说的话，则是在作为躯体一部分的耳穴的空虚处所充溢的"魄"。若"心"的话，朱熹的解释则是在"心脏"的内部空虚处，即在被称为"方寸"（一寸立方）的地方，充满了用眼睛很难看到的某种东西的团块。

重要的是与前引"天之明命"相关的，从《朱子语类》中引出的话："这个（种、种子）都是气。若理，则只是个净洁空阔底世界，无形迹，他却不会造作；气则能酝酿凝聚生物也。但有此气，则理便在其中。"正如此句所说，若只有"理"的话，该"理"所指示的功用是完全无法实现的。而如果没有理的话，由于没有应该如何感应的指示，气便不可能实现有明确之形的感应功用。气虽然是实现感应功用的主体，但是若没有理这种指示，则完全不可能起作用。更进一步，由于只有能够实现感应功用之团块的气才是气，所以只有在具有了理、能够作用的条件下，气才成为气，而不具有理的气则不可以称作气。

"明德"，便是某个被称作"气"的团块。这种团块作为"气"，是由天所给予，而人使其成为自己的东西。此处重要的是，天所给予的，人使其成为自己之物的东西，并不是"理"，而是"生命"这样一种可以实现感应活动的"气"之团块。在以下朱熹对于《大学》的注解中，当出现"理"字时，通常都是指"生命"这一各个"气"之团块所具有的"众理"，这一点需要注意。

虚灵不昧

"虚灵不昧",正是朱熹在以镜为范本来想象"明德"时使用的表达。在《中庸章句序》中,对于"心"也可以见到同样的论述。

盖尝论之:心之虚灵知觉,一而已矣,而以为有人心、道心之异者。

对于使感应活动得以作用的"生命"这一"气"之团块,其描述是"虚灵"。"虚"是指在其内部,完全不存在什么事物能阻碍其如喷涌般出现的功用。"灵"的本意是指降神的巫女之事,以及通过巫女而降下来的神之事,而作为形容词,则是指非此世之物的深邃力量,所呈现的安宁静满的样子,即"生命"这一感应活动的深邃力量在还未作用时的静满样子。"不昧",则是指虽然还没有作用,但对于外界处于一种敏锐的开放状态,也即是擦磨好的镜的状态。

"以具众理而应万事"的"以"字,即是说因为有能够融通自在地进行感应的性能,所以当"吾职所当为"的"一事(しごと)"(这是《大学或问》中的词语)出现在眼前时,这一"气"的团块就立刻会感知到此事,然后依循着自身所具有的职务条规(理,即性)而产生适当的对应。这便是下面要说的"以具众理而应万事"。

以具众理而应万事

"具"这一词语,若与"足"字合起来思考的话,就很容易理解。"足"作动词时,是指当数量没有达到百分之百的时候,添上不足的部分,以补足成百分之百的行为。这便是动词的"足"。而且如此这般达到百分之百后,就会有一种充分的状态和感觉。这便是"知足"的"足",以及动词的"足"。所谓"具",则是指不仅对于数量,甚至对于其排列的方式、配置、分配,都要恰切地达到百分之百的满足状态,它也指实现这个状态的行动。例如在食膳的准备中,不仅是器皿的个数,而且在器皿种类上也必须恰切地配备好,这个才是"具"。

因此所谓"具理",便是说在"明德"这种"气"的团块中,配备了一整套整理好的感应活动的条规。"明德"与"明镜"类似,在自身之内在有区分得非常好的"职事"的一览条规,当条规中所登载的"吾职所当为""一事"来临时,就能够明确地感知到,而且能够依循其条规完成工作。

在此,需要注意到"具众理而应万事"这一句中所表达的"理—事"的对应关系。在第一部分第二章中,当论述到可以把"职"这一词语看作朱熹思考的"第一块石头"时,介绍了《大学章句序》中的一节作为例子。其原文如下。

其学焉者,无不有以知其性分之所固有,职分之所当为,而各俛焉以尽其力。

这里提示了"性分—职分","固有—当为"这样的对应。毫无疑问，这与此处所论的"理—事"的对应是完全重合的。即是说，在朱熹注解《大学》的基本思路中，这一"理（性、固有）—事（职、当为）"的对应在发挥作用。

元亨利贞与仁义礼智

下面，我们看一下这一"理（性、固有）—事（职、当为）"的对应具体是何种含义。即是说，使得最初由上天给予群生的"明命"得以活化的感应活动，具体是如何来运作的呢？

在《大学章句序》的开头，有"盖自天降生民，则既莫不与之以仁义礼智之性矣"，即明言了作为"性"的仁义礼智。

而且，在《大学或问》之中，有"故人物之生，必得是理，然后有以为健顺仁义礼智之性"。此处也列举了"仁义礼智"。

在《中庸或问》中有如下论述。

盖天之所以赋与万物而不能自已者，命也。吾之得乎是命以生，而莫非全体者，性也。故以命言之，则曰元亨利贞，而四时（春夏秋冬之四季）五行（金木水火土之五气），庶类万化，莫不由是而出。以性言之，则曰仁义礼智，而四端（恻隐、羞恶、辞让、是非之心，对应仁、义、礼、智之端）五典（父子有亲、君臣有义、夫妇有别、长幼有序、朋友有信，五种与人际相关的伦理感情），万物万事之理，无不统于其间。

在天地之间所展开的群生（万物）之功用的基底中，活动条规便是"元亨利贞"，而人在得到这一条规，并将其变为自己的心之功用的活动条规后，便是"仁义礼智"。

"元亨利贞"这一词语见于《周易》（《易经》）。《周易》的原文"经"，是由附于六十四卦各个卦上的占辞"卦辞"，与附于各个爻（一个卦由六根爻构成）上的占辞"爻辞"共同构成。根据朱熹注释《周易》的书《周易本义》，由六根阳爻和阴爻重叠构成的各种卦，是伏羲所画的图像，卦辞是由周文王制作，爻辞则是由周公旦制作的。在《周易》中，对于原文"经"，还附有注解的"传"，因为有十篇，所以被称为"十翼"（翼指"帮助"，即辅佐"经"的意思），传统上认为是孔子所作。

"元亨利贞"是附于六十四卦第一卦的乾卦的卦辞。朱熹根据"十翼"中仅附于乾卦与其次之坤卦上的《文言传》，用"元亨利贞"来描述天地万物之活动（不管其大小）所遵循的四个节律的节点。基础的形象是草木随着春夏秋冬四季，其"生命"之相貌的变迁。即是说，春天发芽（元），夏天姿势伸展形象变得鲜明（亨），秋天不再成长而走向结果（利），冬天则坚实凝聚形成果实（贞），到下一个春天又再次发芽，这便是"生命"活动节律的四个节点。

根据朱熹等人的理解，"（寒→）暖→暑→冷→寒（→暖）"是在宇宙规模上活力（即气）的态势中所发生的根源性的周年节律，而各个"生命"因感应到宇宙节律而展开的律动则是"元亨利贞"。人也被给予了"元亨利贞"这四个节点/节律，并将其内化为自己的东西，即"使其成为自己的（得到）""德"，成为自身"生命"之感应活动的基础性条规，这便是"仁义礼智"。不过，"义"是与"秋、利"相对应，"礼"是与"夏、亨"相对应，"（仁）义礼（智）"便被置换为"（仁）礼义（智）"。可以用下图来表示这一对应。

```
──→暖──→暑──→冷──→寒──→
──→春──→夏──→秋──→冬──→
    元 · 亨 · 利 · 贞

    仁 · 礼 · 义 · 智
```

进一步，根据《朱子语类》（卷六八）中记录的言论，朱熹认为"元亨利贞""仁义礼智"这两者作为"理"，都已经不再遵循"气"的时间节律形式，而是从时间形式中超脱出来，在理论上构成了"生命"之感应活动的条规。

那么是什么感应活动的条规呢？朱熹明确依据的乃是《孟子·公孙丑上》中广为人知的"四端"章的文本。

"四端"章原文的开头是："孟子曰：人皆有不忍人之心。""不忍人之心"，是说对于他人不幸状况，人心会痛而且痛得无法忍受，即意味着心无法做出忽视和假装不知的行为。对于"不忍人之心"，朱熹的注解认为，这一点才是天所给予群生的最基本的"明命"之规定。注释如下。

天地以生物为心，而所生之物因各得夫天地生物（天地生育万物）之心以为心，所以人皆有不忍人之心也。

此处出现的"天地以生物为心"，"天地生物之心"，都是程颐（伊川先生）的言论，与《周易》(《易经》)复卦的《彖传》"复，见其天地之心乎"相关。

《周易》的原文"经"，正如前述，是由附于六十四卦各个卦上的占辞（卦辞），与附于构成一卦的六爻上的占辞（爻辞）所共同构成的，而传统上相信《彖辞》是孔子所做的对于卦辞的注解。

"复"的卦形是䷗，六爻的最下一根是阳爻，其上的五根都是阴爻。而坤卦的卦形则六根都是阴爻，这是用图像来象征冬至的夜半，宇宙全体的阳的能量衰退消散之瞬间的卦。不过，在宇宙如此失去活力，即将成为一块死物的瞬间，即在变为坤卦的瞬间，阳的能量便从下往上复活过来。而复卦，便是用图像来象征阳的能量在宇宙核心中复活的瞬间。

当时的人相信由孔子阐发的复卦的意义，即《彖传》中"复，见天地之心乎"一句。然后，对于此处出现的"天地之心"，程颐增补了"天地生物之心"和"生物（生其物）"(《伊川易传》卷二）。而且，在朱熹所编辑的《二程外书》的卷三中，载有"复，其见天地之心。一言以蔽之，天地以生物为心"一句。

在现今所见朱熹对于《孟子》的注解中，无疑可以看到对于

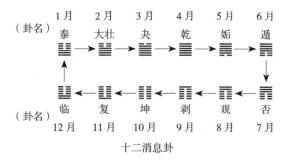

十二消息卦

图中用阴爻——与阳爻——的增减，来显示宇宙能量状态的周期变化

程颐这两方面言论的引用。概而言之，则是指由天地所生出的群生，接续着天地直接生物之心，并使该心成为我之心。

此外，若论程颐等人将"生物"理解为"天地之心"的背景，也可以举出与《周易》相关的《系辞下传》中"天地之大德曰生"一语。当时，人们相信《系辞下传》也是孔子所作注解之一。

总而言之，由天给予"生命"者的，作为其"生命"之基础的、核心的特性，便是会因为与他者之生命的关联，而无法抑制地出现反应这一点。"四端"章在其开头的"人皆有不忍人之心"后，是"先王有不忍人之心，斯有不忍人之政矣。以不忍人之心，行不忍人之政，治天下可运之掌上"。孟子接着论述道：

> 所以谓人皆有不忍人之心者，今人乍见孺子将入于井，皆有怵惕恻隐之心。非所以内交于孺子之父母也，非所以要誉于乡党朋友也，非恶其声而然也。

这是非常有名的一节。以下，《孟子》原文称"由是观之"，举出了"无恻隐之心，非人也""无羞恶之心，非人也""无辞让之心，非人也""无是非之心，非人也"。将各个"心"作为"仁之端""义之端""礼之端""智之端"。在朱熹的注解中，"恻隐之心"以下，是遵循"仁、义、礼、智"这些感应活动的条规，即依循"性"而"随见而发"（朱熹注释之语）的活动。这些并非有意识的，而是自然而然运作的"心"之感应活动。

根据朱熹的注解，"恻隐之心"是指在见到他人危难时候，自然生出的"切身之痛"的反应。所谓"羞恶之心"，是指我与人在看到"不善"的时候自然产生的"羞愧、讨厌"的反应。"辞让之心"，是指在面对他人时候，自然产生的"将自己放后，让他人优先"的反应。"是非之心"，是指当知道他人之"善"的时候，想到"是"，知道他人之"恶"的时候，想到"非"的反应。以上任何一点，都是在与他者的关联中所产生的无法抑制的反应。

为气禀所拘，人欲所蔽

不过，从这一"生命"的"天地之心"中所由来的基础性的性能，在现实中却是很难发动的。究其原因，朱熹在此列举了两点，其一是由"气禀"而来的拘束，其二是由"人欲"而来的"蔽塞"。

与上文的"虚灵不昧"相同，此处大概也可以用镜为范例来进行理解。只要"明德"是"气",那么就像镜的性能会被其金属材质所左右一样,各个有所偏差的"气"之材质,也会随之带来"虚灵不昧"的程度偏差。朱熹以构成"明德"之"气"的偏差为中轴,列举了"轻—重""厚—薄""清—浊"等例子。

而且,正如镜的表面如果沾上污垢,其性能上就会大打折扣,与此类似,"饮食、男女之欲"等人欲也会给"明德"的"虚灵不昧"状态带来阴翳。那么,"明德"的"具众理而应万事"这一功用便无法明晰、自然地实现,而沉入了浑浊之渊。

那该怎么办呢?如何能重返"明德"本来的"明"即"虚灵不昧"的状态呢?其方法便是"明明德",但是具体如何来做呢?这便要实行"格物致知"。

第六章 | 读"格物"的注解
——《大学章句》所见（二）

在《大学》的开头，承接"(大学之道)在明明德"一句后，是以"欲明天下者，先治其国"为开端的一节，其中以"先齐其家""先修其身""先正其心""先诚其意""先致其知"的顺序来追溯"明明德"的前提条规，最后以"致知在格物"结尾。此所谓《大学》的"八条目"。其中，朱熹对于最终条规"格物"做了注解，下面将讨论此点。

据朱熹所说，"格物致知"条的"传"即所谓"传五章"，原载于《礼记》的"大学"篇中，后来逸失了，因此朱熹为了补全而模仿制作了新的"传"文，并以原文为准将新"传"放在了原"传五章"的位置。这便是被称为"格物致知补传"的一文。由于这是论述朱熹对"格物"进行解释的基础文本之一，所以一并讨论。

【原文】(致知在)格物。

【朱熹章句】格，至也。物犹事也。穷至事物之理，欲其极处无不到也。

【朱熹格物致知补传】右传之五章，盖释格物、致知之义，而今亡矣。此章旧本通下章，误在经文之下。闲尝窃取程子之意以补之曰："所谓致知在格物者，言欲致吾之知，在即物而穷其理也。盖人心之灵莫不有知，而天下之物莫不有理，惟于理有未穷，故其知有不尽也。是以大学始教，必使学者即凡天下之物，莫不因其已知之理而益穷之，以求至乎其极。至于用力之久，而一旦豁然贯通焉，则众物之表里精粗无不到，而吾心之全体大用无不明矣。此谓物格，此谓知之至也。

"物犹事也"是怎样的注释？

在前文中，对于《中庸章句》开头的"命犹令也"一句的相关分析（92页），也可以适用于此处的"物犹事也"一句。这一训诂，是指在古代文献《大学》的原文"格物"中的"物"字，用我们的话来说便大致相当于"事"一语。换句话说，这里的"物"作为古语，其意义便是"事"。

需要注意的是，在东汉郑玄《礼记·大学》的注释中，对于这一"格物"的注解，也做出了"物犹事也"这一相同的训诂。此外，在郑玄对于《礼记》的注释中，大约出现了11例"物犹事也"。从这些例子来看，可以归纳出"物犹事也"这一训诂的明确含义，即原文的"物"这一字所指的是人所行之事、工作、职务条规等。

在此介绍两个典型例子。首先是《礼记·月令》中的内容。

原文如下。

仲冬之月（十一月）……乃命大酋（酒官之长），秫稻必齐，麹蘖必时，湛炽（浸渍、蒸煮米曲）必洁，水泉（做酒使用的水）必香，陶器必良，火齐必得。兼用六物，大酋监之，毋有差贷。

对于"兼用六物"这一句，郑玄所加的训诂是"物犹事也"。在孔颖达的《礼记正义》中有如下的解说。

"兼用六物"者，秫稻一，麹蘖二，湛炽三，水泉四，陶器五，火齐六也。物，事也，谓作酒之人，用此六事作酒。

所谓"六物"，是指为实现"作酒"这一职务而依次列举的六种具体的事项之工作一览表，可以认为与前文所列举的《天圣令》中的"田令"和"仓库令"等条令非常类似。

下一例则是引自《礼记·大传》。原文如下：

圣人南面而听天下，所且先者五，民不与焉：一曰治亲（上治祖祢，尊尊也；下治子孙，亲亲也；旁治昆弟，合族以食，序以昭缪。即正亲族秩序。），二曰报功，三曰举贤，四曰使能，五曰存爱。五者一得于天下，民无不足，无不赡者；五者一物纰缪，民莫得其死（寿命非正常完结的死亡）。

对于"五者一物纰缪"一句，郑玄所做的训诂是"物犹事也"，其注解是"五事得，则民足，一事失，则民不得其死，明政之难"。

在此，列举了当圣人承担治理天下的职务时，首先应该做的五个条规。下面解释此五点，一是对于自身的亲族，要治正其身；二是对于有功的人，要好好报偿；三是要赞誉贤者；四是对于有能力者要授予官职；五是要在人世中找出仁者。

可以说，郑玄所做的"物犹事也"这一训诂，是一个指示，指点要将原文的"物"字理解为"职务条规"，即"为完成职务而列举的具体工作"的含义。朱熹对于"格物"的"物"所作出的训诂"物犹事也"，大概可以认为是基于郑玄的这些训诂而来的。

不过，对于朱熹的"物犹事也"这一训诂中所出现的"事"字，历来的很多解释由于没能深入理解作为朱熹基础的郑玄之相同训诂，都在不自觉中就简单将其理解为"事象"了。然而，这大概是错误的。若将其翻译为"事象"，并以此翻译来推进对于朱熹的"格物"说的理解，那么"天文事象""物理事象"等说法自然就通过"事象"这一译语偷偷潜了进来。由此便产生了当下朱子学研究中通行的"定论"，即将朱熹所说的"理"，解释为是由（1）包含"物理法则"在内的"客观的法则"，以及（2）与人伦相关的"伦理的规范"相结合的事物。不过如上所言，若"物犹事也"这一训诂中所说的"事"字的含义，并不是近代以后从对于西方语言的翻译语中提取出来的二字词汇"事象"的意义，而是指人所行之事，特别是"职务条规"即"为完成职务而列举的具体工作"的意义，那么对于朱熹的"格物"说，以及对于他所说的"理"之观念的理解，就有必要从根本上加以改变了。

在郑玄生活的东汉时代，还有其他证据，可以旁证"经学"（即研究《书经》《诗经》等经书的学问）传统中的"事"字是"职务条规"这一理解。这便是东汉永元十二年（100）由许慎完成的《说文解字》。该书于建光元年（121）被献给朝廷，是中国最早的体系完备的字书。在其中有对于"事"字的非常直接的解说。在《说文解字·三篇下》对于"史"部的解释中，有如下一句：

事，职也。

《说文解字》的作者许慎是参照着"经书"中的用例来进行训诂的，因此该书具有"经书字典"的性质。可以认为，《说文解字》中的这一训诂（事，职也）也带有经学的背景，例子可见于下文。

"事"字的意义是"职"

在本书第一部分中，讨论了"职"与"理"，对于与这两个词关联出现的"事"字，在此可以解释为"职事"。

在距今约200年前，即公元1800年前后，在中国盛行着以

"经书"中的言语为主要研究对象的古代语言学。这一古代语言学的代表性学者有王念孙、王引之父子,他们作出了当时最先进的研究成果,并由王引之整理、结集为《经义述闻》一书。对于古典汉语,这本书中有着很多值得学习的学说。在此介绍该书中对于"事"字的考察。

王引之对于《尚书》(《书经》别名)中的"正(政)"字与"事"字的用例,有如下的大致论述。在对字义进行分类解释的训诂书《尔雅》中,有"正,长也"一句,而《尚书》中的"正"应该解作"为长谓之正"。同时,也有将这一意义的"正"字用同音的"政"字来记录的情况。在这一情况下,原文的"政"字并不是"政治"的含义,而必须解释为"正"字的假借字,即"官长"的含义。然而,自《史记》作者司马迁以来,由于拘泥于字面含义而导致一直将"正"误解为"政治"。在《说文解字》中有"事,职也",因此王引之解释《尚书》中的"事"为"故官之职谓之事"。他指出:"为长谓之正,任职谓之事,二者相因,故经文多并言之者。"(《经义述闻》卷三"尚书上")

《论语》中出现的"事"字之例

如果将"事"字的意思理解为"官之职"的话,那么在直接便能读懂的经典例子中,《论语》尤为重要。首先来看下面的例子。

子曰：事君，敬其事。(《论语·卫灵公》)

对此，朱熹的注解如下：

食，禄也。君子之仕（君）也，有官守者修其职，有言责者尽其忠。皆以敬吾之事而已，不可先有求禄之心也。(《论语集注》)

与此相类似，还有如下例子。

子曰："道千乘（能出千辆战车的规模）之国：敬事而信，节用而爱人，使民以时。"(《论语·学而》)

朱熹的注释如下：

敬事而信者，敬其事而信于民也。(《论语集注》)

在朱熹的注解中，"敬事"被换言为"敬其事"，大约是引自《卫灵公》的语句。而且，还有将以上理解合起来表达的如下例子。

（孔子的弟子之一）樊迟问仁。子曰："居处恭，执事敬，与人忠。虽之夷狄，不可弃也。"(《论语·子路》)

而将此处的"恭"与"敬"字对换,则有如下例子。

子谓(评价)子产,"有君子之道四焉:其行己也恭,其事上也敬,其养民也惠,其使民也义。"(《论语·公冶长》)

此处的"事上"中的"上",是指君主与长上。如果再考虑到《卫灵公》中的"子曰:'事君,敬其事而后其食。'"一句,则此处的"事上",大概不能理解为对于君主和长上的个体性的效劳,而是指通过尽心完成君主与长上所授予的职务,以回应君主和长上的信任。

而且还需要注意,在《论语》中"事"字的用例中,都会同时出现"敬"字。可以说,对于职务尽心,便称作"敬"。

王阳明的挫折

关于朱熹"格物"的思考,长期以来主要是依据"格物致知补传",以传统的方式流传。直到目前为止,理解的关键都是"补传"。

"格物致知补传"的特征在于,这是朱熹为了补充《大学》原文的欠缺而做成的模仿文本。由于经文用了"格物"与"物"字,因此在模仿文本中,也都是用了"物"字。不过,朱熹对于经文中"格物"的"物"字,明确地用了"物犹事也"这一训诂。因此原则上,"格物致知补传"中出现的"物"字,同样也都是"事"字的含义,即应当理解为人所行之事以及工作的含义。

不过在历朝历代,似乎很多人都会忘记"格物致知补传"是模仿文本的这一特点,即忘记了这只是"补传",而且还将"物"字理解成了字面上的"东西",即将其理解为"人物""天地万物"等"物"。

广为人知的王阳明的事迹,即王阳明对于"格物"在字面意义上的实践和挫折,正是基于对"格物致知补传"的此种误解而发生的。

王阳明(1472—1529),姓王,讳守仁,因在现在浙江省绍兴市东南的会稽山中筑"阳明洞"室,被称为"阳明先生"。在日本,也被简称为"阳明",以下称作"阳明"。

据传是明代弘治五年(1492),阳明在21岁时经历了对于"格物"的实践与挫折。对此,阳明自己有如下的记录。

先生曰:"众人只说格物要依晦翁,何曾把他的说去用?我着实曾用来。初年与钱友同论做圣贤,要格天下之物,如今安得这等大的力量?因指亭前竹子,令去格看。钱子早夜去穷格竹子的道理,竭其心思,至于三日,便致劳神成疾。当初说他这是精力不足,某因自去穷格。早夜不得其理,到七日,亦以劳思致疾。遂相与叹圣贤是做不得的,无他大力量去格物了。及在夷中三年(武宗正德元年[1506]流谪为贵州龙场驿驿臣),颇见得此意思,乃知天下之物本无可格者。其格物之功,只在身心上做,决然以

圣人为人人可到，便自有担当了。"(《传习录》下)

此处所说的想要"格物"，是指想要穷格"亭前竹子"的"道理/理"。此处所说的"天下之物"，如文字所言是"人、物""天地万物"的"物"。如果考虑到这个论述本身的时间比阳明的挫折体验晚很多的话，那么大概可以断定，王阳明终生对于朱熹所说的"格物"的"物"，都是照字面理解为"东西（もの）"的。

在王阳明初期的门人徐爱的记录中有一条，徐爱向阳明发问，认为"格物"的"物"字乃是"事"字，都是从心上来说的（格物的物字，即是事字，皆从心上说），阳明对此的回答是"然"(《传习录》上)。其中不管是徐爱还是王阳明，都表现得似乎完全不知道朱熹对于"格物"的注解是"物犹事也"。

他们是都没有见到现在流传的《四书集注》，以及在《大学章句》中明确的"物犹事也"这一注解吗？还是他们没有读过《大学章句》一书呢？又或者在他们所见到的版本中，"物犹事也"这一条丢失了呢？这一点令人觉得不可思议。也有可能，他们首先是根据"格物致知补传"来思考，而没有认真阅读朱熹的注解。

不管如何，可以认为王阳明对于朱熹"格物"说的误读，对于后世造成了极大影响。因为由他的误读所形成的朱熹思想的特征规定，造成了现代研究者对于朱熹哲学图景的误解。

不过，也不能忘记之所以会发生如此误读，朱熹自身的文本也是原因之一。因为在朱熹自身与"格物"相关的思考中，所使用的"物"字实际上也承担着复杂多重的意义。

在朱熹思考中"物"字的多重性

在朱熹涉及"格物"的注解中,"物"字承担着多重意味。"格物致知"有两段过程,可以理解为是"格物致知补传"中所言的"一旦豁然贯通"之前与之后的两段过程。下面,首先用《大学》原文与朱熹对此的注解《章句》中的语句,来确证此点。

【原文】大学之道,在明明德,在亲民,在止于至善。
【章句一】止者,必至于是而不迁之意。至善,则事理当然之极也。言明明德、新民,皆当至于至善之地而不迁。盖必其有以尽夫天理之极,而无一毫人欲之私也。

【原文二】古之欲明明德于天下者,先治其国;欲治其国者,先齐其家;……先修其身;……先正其心;……先诚其意;……先致其知;致知在格物。
【章句二】格,至也。物,犹事也。穷至事物之理,欲其极处无不到也。

【原文三】物格而后知至("至"与"致"相对,"至"是自动词,而"致"是他动词),知至而后意诚……国治而后天下平。
【章句三】物格者,物理之极处无不到也。

综合原文二与原文三,可以得到如下的图示。

欲明明德

于天下→治国→齐家→修身→正心→诚意→致知·格物

（一旦豁然贯通）↓

天下平←国治←家齐←身修←心正←意诚←知至←物格

从"格物"到"物格"的变化正是转折点。在此，作为他动词而出现的"明""治""齐""修""正""诚""致""格"转变成了自动词。对于他动词"明"等字，附加了"欲"字，这是为了表达此为有意欲被鼓励的"行为"。与此相对，自动词的一方，则大概可以理解为是说自然而然地就实现了那种状态。

朱熹的注解，就是充分地意识到了这一转变而写出的。对于"格物"，是用"穷至事物之理"来承接，且加上"欲其极处无不到也"和"欲"字来进行解说。另一方面，"物格"一面，则是用"物理之极处无不到也"来解说，没有加上"欲"字。若看"格物致知补传"，也能够读出在"一旦豁然贯通"的前后有一个转换，即从意欲的被鼓励的"行为"转变为自然的实现。

此处，在朱熹的注解中成为问题的，大概在于"格物"的"物"是由"事物之理"所承接，而"物格"的"物"，则是由"物理"所承接。但是，"事物之理"等同于"物理"吗？总觉得在"一旦豁然贯通"前后，"物"字的意义有所不同。

在此将目光转向"章句一"，可以注意到其中对"理"有区别和层次区分。即首先对于"至善"，是以"事理当然之极"来承接，而不论对于"明明德"还是对于"新民"，都是"皆当至于至善之地而不迁"。无论是"明明德"还是"新民",都是表现为确立了项目的"行事",即附加上了"当(应当……做)"字,是应该以强烈意志来实现的"行为"。不过在此之后,接着的是"盖……也"的句式,则是针对"明明德"与"新民"的各个行为,针对各个行为的当然(不这样做不行)准则即"事理"所"不能不止于"的极点,进行了更进一层深入事态核心的说明。所谓"盖……也"句式,是承接前文,又加上更深入说明的语法。于是,在此便出现了"夫天理之极"的词句。若从"事理"成为问题的思考层次出发,更加深入一层进行思考,在该层出现的便是"天理"问题。

在此还要注意,对于"天理",是加上了"夫(那个)"这个词。之所以注意此点,是因为在《大学或问》中,针对"致知在格物"的"或问"处,出现了如下一段文字。

故致知之道,在乎即事观理以格夫物。

"章句二"中对于"格物"的解释是"物,犹事也。穷至事物之理,欲其极处无不到也",若将其与此对照的话,难道不是可以得出如下理解么:用"即事观理"可以充分地承接住"格物"即"穷至事物之理"的含义。这样的话,那么其后出现的"格夫物"中的"夫物",又是什么意思呢?其实根据"章句一","夫物"就是指"夫天理"这一事物。而若根据"格物致知补传","夫物"则是指"吾心全体大用"。

朱熹"格物"说的确立及其特征

在被推测为朱熹在45、46岁时所写的书简中,确然出现了冠以"夫"字的"夫物之极"的词语。在这封书简中,有一节内容是解说自己的"格物"解释之由来与独特性。这是很长且很重要的一节。下面引用原文。

格物之说,程子论之详矣。而其所谓"格,至也,格物而至于物,则物理尽"者,意句俱到,不可移易。熹之谬说,实本其意,然亦非苟同之也。盖自十五六时,知读是书(《大学》),而不晓格物之义,往来于心,余三十年。近岁就实用功处求之,而参以他经传记,内外本末,反复证验,乃知此说之的当,恐未易以一朝卒然立说破也。

夫"天生烝民,有物有则",物者,形也;则者,理也。形者,所谓形而下者也;理者,所谓形而上者也。人之生也,固不能无是物矣,而不明其物之理,则无以顺性命之正,而处事物之当,故必即是物以求之。知求其理矣,而不至夫物之极,则物之理有未穷,而吾之知亦未尽,故必至其极而后已。此所谓"格物而至于物,则物理尽"者也。物理皆尽,则吾之知识廓然贯通,无有蔽碍,而意无不诚、心无不正矣。(《朱文公文集》卷四四《答江德功》)

格物	⟶	至于物　＝物理尽	（程子语）
即是物以求其物之理	⟶	至夫物之极　＝物之理有穷	（《答江德功》二）
	廓然贯通		
即事观理	⟶	格夫物	（《或问》）

即物而穷其理
即凡天下之物，
因其已知之理
而益穷之，　　⟶　　众物之表里精粗无不到，
以求至乎其极　一旦豁然贯通　吾心之全体大用无不明

（《格物致知补传》）

事理当然之极	⟶	尽夫天理之极	（《章句》一）
穷至事物之理	⟶	物理之极处无不到	（《章句》二·三）

将朱熹所言的内容，再对照"程先生（程子）"的"格物而至于物，则物理尽"，才能形成如上的图示。此外，也添加对照了前引"或问"的词句"即事观理以格夫物"，以及"格物致知补传"章句一、二、三中的内容。

再者，在这一节中引用的具有重要意义的"程子"之"格物而至于物，则物理尽"一句，在朱熹所编集的程颢程颐的"语录"即《河南程氏遗书》中，却未见到完全相同的原文。在《河南程氏遗书》卷二上，可以见到"致知在格物。格，至也。穷理而至于物，则物理尽"一句。虽然不知朱熹是否有意弄错，但他大概是以"格物而至于物"的形式来记忆这一文本，将其作为围绕"格物"来进行思考的一个标识。

如果像这样进行对照的话，大概可以明白，在朱熹看来，这一书简中所言的"是物"和"夫物"，是明确有意识地对于不同层次之"物"的称呼。

形而下者

在上引一节中，朱熹将"物"理解为"形"之物（こと），即《周易·系辞上》中所说的"形而下者"，这一解释就与"格物"的解释联系了起来。对于这一"形而下者"，朱熹是如何来理解的呢？是不是对应着有着躯体即用手可以触及的"形"的存在物呢？就此，可以参考下一个文本，即收入《论语或问》，与《论语·宪问》中有名的言语"下学上达"相关的议论。

> 今程子以为下学人事便是上达天理，何耶？曰学者，学夫人事形而下者也，而其事之理则固天之理也，形而上者也。学是事而通其理，即夫形而下者而得其形而上者焉。非达天理而何哉。

在此，明言了"人事""是事"乃"形而下者"，而"其事之理"乃"形而上者"。人之事（行动）是由躯体运动而施行，因此可以说有着由视觉、听觉能够捕捉到的"形"，即正是"形而下者"。另一方面，"理"则没有这种可以由视觉、听觉等捕捉到的"形"，即是"形而上者"。

"是"与"夫"

在此，要注意到这里的"是事"，以及前文"是物"中的"是"字。与此同时，也要注意到与"是物"相对应的"夫物"的"夫"字。因为可以认为，在这一微妙的区分中，正表达了两处相同的"物"字所附带的不同的意义。

"是"作为古典汉语，其意味最强，可谓是伴随着"使劲指出"这一动作的指示词。因此，所谓"是事""是物"，是指伴随着一个个具体被指出的有现实之"形"的"行为"。

那么"夫物"是什么呢?"是"是指对于有具体现实的(因而也被区别为一个一个的)"形",伴随着"这个、这个"的称呼与"使劲指出"的行为而指向其中一个"形"的指示词。与此相对,"夫(那个)"则是与眼前一个一个的具体事物相分离,意味着将视线置于具体事物之上的标示词。即是说,这标志着对视线进行解放和移动,即将"吾之知""吾之知识"的层面,从眼前的有"形"的个别的世界即"形而下"的世界,转向没有"形"的普遍的世界即"形而上"的世界。这也便是"廓然贯通"与"一旦豁然贯通"等语句所表达的,视界向稍上方处移动的畅快解放。

那么,在这样被解放了的视界之中出现的"夫物",是什么呢?

"有物有则"

在此书简的一节中,引用了《诗经·大雅·烝民》中的一句"天生烝民,有物有则"。此处将分为两部分,介绍朱熹对于这一句的注释,并希望从这些注释中确认朱熹对于"有物有则"一句中的"物"字是如何理解的。在此呈现出来的"物"字的意义也是多重性的。

首先是《四书集注》中《孟子集注》的内容。《孟子·告子上》的一章中,引用了《烝民》篇"天生烝民,有物有则"一句,并加以敷衍为"有物必有则"。对此，朱熹的注解如下。

> 有物必有法：如有耳目，则有聪明之德；有父子，则有慈孝之心。

在此注解中，虽然最先就说了"有物有则"的"物"是"事"的意义，但是在"有物"之后，承接的则是"有耳目""有父子"。"父、子"方面暂且不说，"耳、目"是很难称为"事"的。在我们想来，这难道不正是通常所说的"物"吗？朱熹却理解为"事"，真是不可思议！《朱子语类》所记载的与"有物有则"相关的朱熹言论中，有"盖视有当视之则，听有当听之则"（卷五九），因此大概可以推测，朱熹有着如下的思考。

耳、目　　……　有形的个体物　……　物
视、听　　……　其行为　　　　……　事
当听、当视　……　行为的正则　　……　则

若按照《孟子集注》的注解，那么称为"物"的"耳、目"，同时大概也包含着"听、视"这样的"事"。不过，"耳目"这一词在古典汉语中，不仅可作名词，而且也可作动词。如果从被古典汉语所浸润的朱熹等人的语感来思考的话，表达"物"的词语也同样地表达"事"的这一情况，也并非不可思议。在作为动词来使用时，"耳"是"听"，"目"是"见"。而且在"父—子"之中，

也呈现出了表达"为父""父行""为子""子行"这种关系行为、职务行为的动词形态。

大概可以这么想，原本"物"字能够以"事"的意义来使用，在语言感觉上这一点也能成立，即"物"之名同时也能成为表达这一"物"的作为物之动作、行为的语言。

而在朱熹对于"有物有则"的另一处注解中，还能够更加明晰地看到此点。这便是朱熹在其《诗集传》(《诗经》的注本)中，对《大雅·烝民》的评论。

> 言天生众民，有是物必有是则。盖自百骸九窍五藏（指构成肉体的很多骨、以及口、两眼、两耳、两鼻孔、大小便口这九窍，以及心、肾、肺、肝、脾这五个内脏），而达之君臣、父子、夫妇、长幼、朋友，无非物也，而莫不有法焉。如视之明，听之聪，貌之恭，言之顺，君臣有义，父子有亲（《孟子·滕文公上》，其后为"夫妇有别、长幼有序、朋友有信"）之类是也。

其中没有《孟子集注》中的"物，事也"这一训诂，但从"百骸九窍五藏"这一可谓是人之躯体的"物"开始，直至"君臣、父子、夫妇、长幼、朋友"这样的关系行为、职务行为为止，一切都被称作"物"。其后所说的"视听貌言"，任何一个都是表达躯体行为的动词，这些大概也都同样被称作"物"。将这些内容用图来展示如下：

```
百骸九窍五藏                    ……物
→视・听・貌・言→君臣・父子・夫妇・长幼・朋友……物（=事）
 明・聪・恭・顺  义    亲   别   序   信 ……则=法（=理）
```

"视听貌言"，大概是根据《书经·洪范》篇的"五事：一曰貌，二曰言，三曰视，四曰听，五曰思。貌曰恭，言曰从，视曰明，听曰聪，思曰睿"一句而来。以上便是"五事"的范畴。对于这一"视听貌言"，大概也需要对照着《论语·颜渊》中著名的"非礼勿视，非礼勿听，非礼勿言，非礼勿动"来思考。

对于"视""听"，要注意到，这两个词相较于"见""闻"，是具有更强行为性的动词。"见"是指"入目"这一形态的"看见"，而"视"则是"紧紧盯着"的含义。"闻"是指"入耳"这一形态的"听见"，而"听"则是"仔细倾听"的含义。"视、听、貌、言"和"视、听、言、动"，无论哪一组，都是指使用躯体来实施的"行为"。

"夫物"是什么？

在前文所引朱熹书简的一节中，程子语"格物而至于物"中的"格物"之"物"，与"至于物"的"物"，朱熹在说明中是用"是物"与"夫物"这两种不同的形式来承接的。"夫物"这种说法，确然是与"格物"构成了朱熹思维的两段结构，而依据此种思维构图，才能说出"即事观理以格夫物"一句。在这一"廓然贯通"中，"至/格""夫物"到底是指什么呢？同时，也要问"廓然贯通"与"一旦豁然贯通"是什么意思呢？

在思考这一问题时，重要的资料便是本书第一部分第一章最后所展示的朱熹的原话，即蔡沈《梦奠记》中记录朱熹最后讲义中的言语。此处再引用一遍。

为学之要，惟事事审求其是，决去其非，积累日久，心与理一，自然所发，皆无私曲，圣人应万事，天地生万物，直而已矣。

首先要指出，这一句确然是遵循"格物→至于物""即事观理→格夫物"这样的二段结构的构图而来的言论。这一点在语句中也非常明确，"积累日久"这一表达与"格物致知补传"中的"至于用力之久"可以相通，由此点也可直接看出两者的关系。

第二段"心与理一，自然所发，皆无私曲，圣人应万事，天地生万物，直而已矣"，则是相当于"至于物""格夫物"的阶段。"心与理一，自然所发，皆无私曲"一句，与前文所示的章句一（127页）"有以尽夫天理之极，而无一毫人欲之私"有相通之处，其中"心与理一"的"理"大概就是"天理"。以本书第二部分第二章中所举出的对"明明德"的注解来说，大概也是实现"复其初"的阶段。那么，复的是什么呢？那便是最早出生时，由天所赋予的最初之初始状态的"明德"这个东西，也便是初始状态的"天之明命"这个东西。

圣人与天地

在这个部分中,所复回的原初的"明德""天之明命"和"心"的功用方式,被描述为"皆无私曲"这一否定形态。不过在其后,有"圣人应万事,天地生万物,直而已矣"一句,直接讲出"皆无私曲"的功用本身便是"直"。这便是"圣人""应万事"的行事,也是"天地""生万物"的功用。所谓"应万事",可以通过对照"明德"的注解"具众理而应万事"看出,而"圣人应万事"的行事,便是圣人内在拥有的"明德"之功用的显现。所谓"圣人",便是指或由于受惠于优异的"气禀"而保存了原初赋予的初始"明德"的人,或是通过努力而最终使得初始"明德"不受遮蔽的人。

这样的圣人,其"应万事"的行事方式,确实多种多样。不过,当将其看作"一"的行事时,又是指的什么呢?

不,更应该说,是否可以将原本各式各样的"应万事"的行事,都看作"一"的行事呢?在《论语》中,记载了孔子对于此问题的两次发言。第一次是对曾参说的。

> 子曰:参乎!吾道一以贯之。
> (《论语·里仁》)

第二次则是对子贡（端木赐）所说。

> 子曰："赐也，女以予为多学而识之者与？"对曰："然，非与？"曰："非也，予一以贯之。"
> （《论语·卫灵公》）

由此来看，圣人的行事虽然多种多样，但果然还是应该看作"一"。那么，这"一"的行事是怎样的呢？对于上文《里仁》中的"一以贯之"一句，朱熹做了如下的注释。

> 夫子之一理浑然而泛应曲当，譬则天地之至诚无息，而万物各得其所也。……盖至诚无息者，道之体也，万殊之所以一本也；万物各得其所者，道之用也，一本之所以万殊也。（《论语集注》卷二）

这一注解中所说的内容，与广为人知的"理一分殊"之说相通，读者很难在短时间内达到透彻理解。希望读者能够先暂时抑制住通过片言只语就能立有所得的焦躁企图，以及能一举获得对于这一段文字所有细微之处的明晰解说的奢望。要相信，理解的枝叶终归会在各位读者的心中生发出来。著者终于触及了重点，以下将聚焦于作为朱熹哲学"图景"之基底的思考核心部分，依次来解明此点。

至诚无息

那么首先要注意到,注解中所说的"至诚无息"一句,在《中庸》中是以如下方式出现的。下面将原文与朱熹的注解(章句)交叉引用。

【原文】故至诚无息。不息则久。……
【朱熹章句】既无虚假,自无间断。

【原文】天地之道,可一言而尽也:其为物(的实现程度)不贰,则其生物不测。……
【朱熹章句】此以下,复以天地明至诚无息之功用。天地之道,可一言而尽,不过曰诚而已。不贰,所以诚也。诚故不息,而生物之多,有莫知其所以然者。

朱熹将这一段定为《中庸》的第二十六章,标记为"言天道也"。要言之,根据朱熹的解释,所谓"至诚无息",是描述拥有作为天地生育万物之功用基础的无限活力的状态。而在朱熹定为第二十二章,同样被标记为"言天道也"的一节中,也使用了相同的"至诚"一词。该章如下。

唯天下至诚,为能尽其性;能尽其性,则能尽人之性;能尽人之性,则能尽物之性;能尽物之性,则可以赞天地之化育;可以赞天地之化育，则可以与天地参矣。

对于"可以与天地参矣"一句，朱熹的注解是"谓与天地并立为三也"。即是说加入"天、地"这二者中而成为三者一组。对于开头的"天下至诚"，朱熹注解为"谓圣人之德之实，天下莫能加也"，因此可以将"天下至诚"解作"圣人"。

即是说，圣人的"应万事"之行事，是可以用来"赞""天地之化育"的行事，或者用第二十六章的词语来说是可以赞"生物"（生育万物）之行事，以此，圣人便成为"天地人"这一"三才"三者一组中的一员。

天地生物（生育万物）之心

在此，对于这一"天地"的"生物"（生育万物）之功用，要介绍《论语·阳货》篇中孔子论及此点的一章，以及朱熹对此的注解。

【原文】子曰："予欲无言。"子贡曰："子如不言，则小子何述焉？"子曰："天何言哉？四时（四季，即春夏秋冬）行焉，百物生焉，天何言哉？"

【朱熹集注】四时行，百物生，莫非天理发见（即发现）流行之实，不待言而可见。圣人一动一静，莫非妙道精义之发，亦天而已，岂待言而显哉？

《梦奠记》记录的发言中，是将"圣人应万事，天地生万物"并列，而在这个注解中，也是将"四时行，百物生"与"圣人一动一静"相并列。对于"圣人一静一动"，则断言为"亦天而已"。这样看来，可以说重要的是尽"天理"。而这也便是前文已经介绍过的人们用"不忍人之心"来承接的"天地生物之心"。此处，再度引用朱熹对于《孟子·公孙丑上》的"四端"章中"人有不忍人之心"一句的注解。

天地以生物为心，而（天地）所生之物因各得夫天地生物（天地生育万物）之心以为心，所以人皆有不忍人之心也。

这样看来，在"即事观理→格夫物"，"格物→至于物"这个二段结构中，在第二阶段中的"格/至""夫物/物"的含义，大概只可能是这一注解中所说的"夫天地生物之心"。而且，此处也出现了"夫"这个词。

群生，正是将这一"天地生物之心"承接为自己的"生命（明命、明德）"之基底、核心。在这一基底之上所整理出来的行动细目即是"众理"，而群生正是依循着这一"众理"来"应万事"而行动。

承续着"天地生物之心"的，则是在吾等胸中不停作用的"不忍人之心"，即对于群生的他者之生有着爱与护生之心。朱熹认为，正是在这一心发动的现场，"天理流行"的景象便显现出来。

天理流行

上文所说，其实便是《论语·雍也》中的一章，以及朱熹对此的注释内容。下面将原文与朱熹的注解（集注）交叉引用。

【原文】子贡曰："如有博施于民而能济众，何如？可谓仁乎？"子曰："何事于仁，必也圣乎！尧舜其犹病诸！"

【原文】夫仁者，己欲立而立人，己欲达而达人。

【朱熹集注】以己及人（以自己的事来体察别人的事），仁者之心也。于此观之，可以见天理之周流而无间矣。状仁之体，莫切于此。

【原文】能近取譬，可谓仁之方也已。

【朱熹集注】近取诸身，以己所欲譬之他人，知其所欲亦犹是也。然后推其（自己的）所欲以及于人，则恕之事而仁之术也。于此勉焉，则有以胜其（自己的）人欲之私，而全其（被赋予自己的）天理之公矣。

而在前引《孟子·公孙丑上》"四端"章的朱熹集注中，引用了"谢氏（谢良佐，上蔡先生）"如下言语。

> 人须是识其真心。方乍见孺子入井之时，其心怵惕，乃真心也。非思而得，非勉而中，天理之自然也。

对于群生的他者之生的爱与护生的"不忍人之心"，其发动本身就是"天理"之自然的"发现、流行"。虽然是由"吾（われ）"来承接的"天理"，但是在"吾"胸内所宿的"天理"，正如前引《大学或问》(139页) 中所说，"天之明命"并非是"私得"，即并不是"吾"的私有物。毋宁说，"吾"能够据此打破"吾"作为一个身体与生死的界限，能够在不与天地万物切断关联的同时作用，在能够爱护他者之生的"天理流行"的世界中，"吾"被给予了一条道路，使得"吾"胸内所被赋予的"生命"能够得以保存而展开。

在此《论语》的注解中，有"于此勉焉，则有以胜其人欲之私，而全其天理之公矣"。"胜其人欲之私"，"全其天理之公"这一句，若与《梦奠记》中所记录的言语"积累日久，心与理一，自然所发，皆无私曲，圣人应万事，天地生万物，直而已矣"合起来读的话，大概很容易就能看出，在这一节中承前述而来的"格物"的二段结构的构图是活生生地存在着。这样的话，"格物致知补传"中在"一旦豁然贯通"之后所说的"吾心之全体大用"这一语的意思，也可以通过参照此处"全天理之公"中的"全"字而得以理解。

吾心之全体大用

在与"不忍人之心"相关的朱熹注解中,出现了"全体"一词。以下是"四端"章的注解。

【原文】先王有不忍人之心,斯有不忍人之政矣。以不忍人之心,行不忍人之政,治天下可运之掌上。

【朱熹集注】言众人虽有不忍人之心,然物欲害之,存焉者寡,故不能察识而推之政事之闲;惟圣人全体此心,随感而应,故其所行无非不忍人之政也。

"吾心之全体大用"中的"全体大用",读作"全体、大用",大概可以理解为是在此使用了广为人知"体、用"这一对概念。

"体—用"中的"用",其意义是指"功用"或者"使能力得以发现"。例如有"用人"这一词语,是指让那个人所持有的能力得以发挥,而不是指不管人所拥有的能力而完全凭自己的喜好来随意使用。因此"用人"很难,若没有看清该人所拥有的能力的力量,便无法真正实现用人。

在"全其天理之公""全体其心""全体"中,"全"字的用法有着动词、副词、形容词的不同。但不管哪一个,都有共通的一点,即都被认为是与宿于人中的因"天地生物(生育万物)之心"而来的"不忍人之心"有关,即与息于"明德"之核心中的"天理"有关。"全"的这一词,所说的是达到了"格物"第二阶段后,

"不忍人之心"超脱了"人欲""物欲"之害，本身表现出了没有遮蔽的状态，即能"随感而应"的完美样态。可以认为在朱熹的思想中，这是被特意区分开来的状态。

因此，"大用"这一词语，是在发现了完美的"不忍人之心"，且"不忍人之心"作为涉及"天地万物"的"天理流行"得以实现时，特地用"大"字来表达其状态。

"大"与"直"

"全体大用"的"大"字，是理解了涉及"天地万物"的"天理流行"这一事态之后的表述。那么，在传统上认为由孔子所制作的《周易》"传"中，可以看到这一"大"字的文字出典。这便是乾卦的《象传》。

大哉乾元，万物资始，乃统天。

在朱熹的《周易本义》中，有如下的注解：

"大哉"，叹辞。元，大也，始也。"乾元"，天德之大始，故万物之生皆资之以为始也。又为四德（即元、亨、利、贞）之首，而贯乎天德之始终，故曰"统天"。

"乾"卦当然是象征"天"的卦。万物都是以"乾元"即"天德大始"为资源而生长出来的。因此所谓"乾元"便也是"天理流行"的"天理"本身。若将"大用"看作是以"天理流行"为对象的表述,那么将这个"大"字的出处溯源到此处"大哉乾元"中的"大"字,应该没有问题。

与此相关且必须言及的是,在《梦奠记》所记录的最终讲义的言论中出现的"圣人应万事,天地生万物,直而已矣"中的"直"字,又出自何处呢?与此处的"大"字相同,这个"直"字也与"乾"即"天之德"以及"生(动词)"相关。果然也是在《周易》的一个"传"即《系辞上传》中,出现了"直"字。

夫乾,其静也专,其动也直,是以大生焉;夫坤,其静也翕,其动也辟,是以广生焉。

坤卦是象征"地"的卦,在朱熹的《周易本义》中有如下注解。

乾一而实,故以质言而曰大;坤二而虚,故以量言而曰广。

"圣人应万事,天地生万物,直而已矣"中的"直"字,无疑是出自此处。"大""直",都正是描述"天理流行"时的用语。

"物"的三重含义——朱熹"格物"说的构造

以上，对于朱熹针对"格物"的注解，以及与此相关的文本，都进行了解读。而与"格物"的解释相关的朱熹之思想构造，可以用下图简单总结出来。

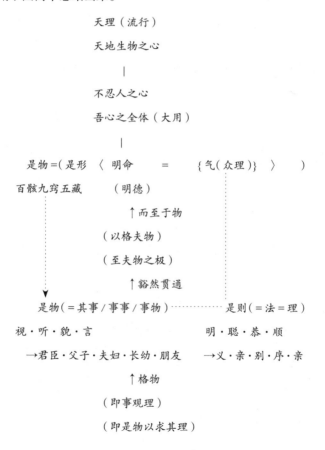

在此出现的"物"字，承担了三重含义。其一，有形的、在眼前存在的、活动着的一个个"生物"及其躯体。我们自身也是其中之一。其二，"物犹事也"这一训诂所解释的"物"字，即由"生物"，特别是吾等人类的躯体通过活动而实施的"行为"，尤其是在被赋予的"生命"之职务条规中所记载的作为"职事（しごと）"的各式各样的"行为"。其三，则是"生命"本身。以接续了"天地生物之心"的"不忍人之心"为基底的人的"功用"，便是原初作为"天理流行"而被上天共同赋予群生的"生命"这个东西本身。

"明命"的核心——总结

要言之，朱熹所提炼的哲学图景，大概可以说是基于群生被共同赋予的"生命"，并通过"生命"的活泼的交互功用而建构出来的。朱熹认为，这一功用不能遵从被赋予之肉体的个体性欲求，而只能通过对被赋予的"天地生物之心"，即"吾"之"生命"对于他者"生命"的直接感应能力的熟稔和保全来实现。正是在这一天地万物之中，天对于"我"所课予的"善"的职务，恰恰就是如何让公共的"生命"能直接存活。朱熹所说的，便是如何理解这一职务的条规（即性），以及如何迈向实践这一条规中所显示的具体的"工作"（即事）这一点。

在《朱子语类》中有一节内容，充满了朱熹对于这一贯穿天地万物的"生命"之直观感受。下面将进行介绍，以此来结束本书的工作，通过"朱子"带领读者进入古典的大门。

需要注意，在以下的译文中，标注了注音假名"こいつ"的"这物事""这个物事"，正是指在天地之间进行公共的交互功用的活泼的"生命"。作为"生命"本身，若问在其核心中的是"何物事"，就可以用"这物事"（こいつ）来做解释。对于朱熹来说，首先只能把这一点称呼为"这物事""这个物事"，因为这是超出言语规定范围之外的终极实在。

在进化心理学中，据说人类是具有能够区分生物与非生物的先天能力。我们能够在生物中看到非生物所不具有的某种决定性东西。不过这到底是什么呢？被死亡所侵袭的生物个体，失去的东西是什么呢？这一点似乎并不是通过感觉所能捕捉到的"物"（物体与物质）。不过，若把活着的东西与死去了的东西相对比的话，活着的东西的"（可喜之事）善"，大概就是同样在人类，或者在生的物上拥有的先天的感觉吧。朱熹在其思考中不断持续关注的问题，便是生的物作为生的物，其核心所在的"（可喜之事）善"是什么的问题。而这一善会经由死而失去。在朱熹的眼中，这一"善"便是最具有决定性的、终极的、真正的实在。朱熹跳过了对它进行命名的漫长过程，而直接将其称为"这物事""这个物事"。在年轻时，朱熹亲近禅宗，此处大概也能够读出与禅语类似的语气吧。

对于我们而言，从文中"继天地之志，述天地之事"中所说的"志"字取其意，首先用"意志"这一用语来解释"何物事"。

就"天地"而言，天地的态势是在外向活动的"动"的态势，与内向的沉静的"静"的态势这两者之间不断交替持续，这便是在"天地"内核中的"意志"。

在此，再次用一句话来论述朱熹所说的"天地"。在近代以来的科学的世界观中，是不承认在生物个体以外的存在物中有"生命"的。甚至对于生物个体，也试图将其作为没有"生命"的部件之组合，即作为"机械"进行解析。而朱熹所言的"天地"，则是从眼睛所见的天与地之广度开始深化，将群生看作是在"天地之间"所生育的、宇宙的大的活力（即气）。"天地"作为一种活力，在不断重复着一日之中昼夜这种态势变化，也不断重复着在一年之中由寒暖变化而产生的春夏秋冬这种态势变化。朱熹当然不知道近代科学所做的机械论的解释，即由于地球的自转与公转运动而导致了昼夜与春夏秋冬的变化。因此，他是将此理解为一种基于活力从内核中生出而形成的"生体节律"。不过，并不能因为这个原因，就认为朱熹是把"天地"理解成了一个活生生的生物个体或者有机体。可以说所谓"天地"，是被原理化了的"生体节律"的主体化，即只可以将这一节律理解为由"天地"内核刻画出来的"节律意志"本身。这一"节律"便是原文中所说的"动静"和"一动一静"。这个节律意志随后便被赋予到群生的身上，同样刻画出了昼夜和春夏秋冬的生态节律。同时，基于"天地"所生出的各个生物个体的不同，节律意志也被个别地放入其中，各生物体按照各自的活动节律而产生律动，在其活动中便形成了各式各样的二元对照（例如善/恶，仁/义等）的模式。

对于"天地"所刻画的昼夜与春夏秋冬的节律振动，朱熹认为并非是机械性的节律，而是由"天地之志"即"天地"这一内在有活力的"意志"所刻画的。若将这一思考，与《中庸》的"诚者天之道也，诚之者人之道"（二十章）中所说的"诚"字联系起来看的话，是能够理解的。对于"诚"字的训诂，经常见到的是"诚，信也"。"信"字的含义是指遵守约定。对于《中庸》中的那句话，现在通常也翻译为"信守约定之规定是天之道，信守约定之行为是人之道"。在夜之后，昼一定回来，在冬天之后，春天必定回来，这并非机械性的规律，而是由于"天地"这一活力对于此种未来的"约束"，并且信守约束绝对不违背。另一方面，对于人而言，绝对不能违背"约定"，这是应当追求的理想。不管如何，只要是将昼夜与春夏秋冬的交替理解为"天地"之"守约定（诚、信）"的"行为"，那么就不能不承认作为其核心的某种"意志"之存在。在此，设想"天地之志"这种不可见的"意志"，那么在昼夜与春夏秋冬的推移这一变化的深处，就必然可以感觉到"意志"的实在与功用。

不管如何，朱熹是将"天地"理解为不违背约束，一定会达成约束的活力主体。他将人也作为生活于世界上之"天地万物"中的一员，这个世界是以"天地"这一活力的绝对约束（即信用）为基础，万物（群生）在其中活泼地出生、互动的世界，即本书第一部分第二章中所论述的贯穿着"信用秩序"的世界。

原文"这物事""这个物事"中的"物事"，是当时的南方方言，用现代中文可以翻译为"东西"，现代日文则可以翻译为"もの"。

在朱熹的文献中，是只有在由弟子们记载的朱熹口语集成《朱子语类》中才会出现的特殊词，而不是日语中"物事"[1]（ものごと）的意思。但需要注意，甚至在专门的研究中，也有草率地把"物事"按照其字面意思翻译成"物事"的情况存在。

下面要介绍的一节，是朱熹的弟子林夔孙所记录的文本。林夔孙，字子武。在本书第一部分第一章中介绍了蔡沈的《梦奠记》，初八日竹林精舍的门下学生们去看望朱子，在当时陪席的弟子名单中，可以看到"林子武"的名字。朱熹在夔孙的恳请下，参照着《近思录》（由朱熹自己与学友吕祖谦共同编辑而成，是北宋四子周敦颐、张载、程颐、程颢著作的精选集），将其中开篇收录的周敦颐《太极图说》中的名句，进行逐句讲解。林夔孙做了记录。

在此，首先引用《太极图说》的原文，作为参考。

无极而太极。太极动而生阳，动极而静，静而生阴。静极复动。一动一静，互为其根；分阴分阳，两仪立焉。……二气（阴阳之气）交感，化生万物。万物生生，而变化无穷焉。惟人也，得其（阴阳五行之气）秀而最灵。形既生矣，神发知矣，五性（仁义礼智信）感动（感应而动），而善恶分，万事出矣。圣人定之以中正仁义，而主静，立人极焉。

以下的文章虽然很长，但是希望读者能够先粗读一遍，特别要体会最后一节的意思。在此基础上，希望读者能再一次潜心思考被解释为"无始，无终，在动与静之间不断往返运动的意志"

---

[1] 在日语中，ものごと的意思更接近现代汉语的"事情"，而不是"东西"。——译者注

的"这物事""这个物事"到底是指什么？因为，此处便是朱熹哲学图景中最关键的原点。

夔孙请再看底文字。索《近思录》披数板，云："也拣不得，便漏了他底也不得。"

遂云："'无极而太极'（这一句话，是针对附在由天地万物所组成、经感觉所能捕捉的"形而下"的世界上的"形而上"的世界，即"天理流行"的世界，论说其"极点"是什么），而今人都想象有个光明闪烁底物事在那里（极点那里）。那不知本是说无这物事（为何呢，因为"无极"一词便明言了），只是有个理，解如此动静而已。及至一动（外向的活动态，要注意不是说空间运动）一静（内向的、活动的沉静状态。并不是指在空间上完全没有运动，很多研究者对此也有误解），便是阴阳。一动一静，循环无端。'太极动而生阳'，亦只是从动处说起（事态的真相并不是从"动"开始，但是在言语的描述中，只能是从某一端开始说）。其实，动之前又有静，静之前又有动。推而上之，其始无端；推而下之，以至未来之际，其卒无终。自有天地，便只是这物事（无始，无终，在动与静之间不断往返运动的意志）在这里流转（当说到"这物事"时，朱熹可能是一边指着正下方一边说着），一日便有一日之（时）运，一月便有一月之（时）运，一岁便有一岁之（时）运。都只是这个物事滚，滚将去，如水车（可能是将河中的水浇入田中的装置，详情不明。在下文中也有出现，可能是一个相当复杂的机械装置）相似：一个起，一个倒，一个上，一个下。（此下是说"圣人定之以中正仁义"）其动也，便是中，是仁；其静也，便是正，是义。不动则静，不静则动；如人不语则默，不默则语，中间更无空处。又如善恶：不是善，便是恶；不是恶，便是善。'圣人定之以中正仁义'，便是主张这个物事（无始，无终，在动与静之间不断往返运动的意志）。盖圣人之动，便是（将春夏秋冬这一周年的四节点-节律进行原理化，成为元亨利贞）元（始，即开始）亨（通，即经过）；其静，便是利（和，即实现）贞（正，即完结），都不是闲底动静。所以继天地之志（即意志），述天地之事，便是如此。如知得恁地便生，知得恁地便死（知道区分生死之处），知得恁地便消，知得恁地便长（知道区分消长之处），此皆是继天地之志。随他（天地之志）恁地进退消息盈虚，与时（应当如此的时节变动）偕行，小而言之，饥食渴饮，出作入息；大而言之，君臣便有义，父子便有仁（义对应元亨利贞中的利，仁对应元。即义与仁的对比，是利与元的对比。将此与前文所说"圣人之动静"中"元亨＝动"与"利贞＝静"的这一区分进行对照的话，就可以有"义＝动""仁＝静"的区分），此都是述天地之事。……

这物事（无始，无终，在动与静之间不断往返运动的意志）机关一下拨转，便拦他不住，如水车相似，才踏发这机，更住不得。……

而今万物到秋冬时各自敛藏，便恁枯瘁；忽然一下春来，各自发生条畅，这只是一气，一个消，一个息。那个满山青黄碧绿（当说到"那个"一词时，朱熹可能一边说着话，一边指着从坐席处能够望见的对面那洒满阳光的山林，向林夔孙示意。在山上，新绿的深浅颜色交织，萌动着满满生意），无非天地之化（生育的功用）流行发见。(《朱子语类》卷一一六)

参考文献

已经读完了序言、第一部分与第二部分的读者大概已经明白，从笔者的立场来看，值得推荐的、能从朱熹本人的言语出发来阅读"朱子"的书，基本上没有。笔者深切意识到，必须要从本书所揭示的"事"与"理"等阅读角度出发，对朱熹所留下的《四书集注》等文本，进行彻底的重读。

对于本书所论述的"朱子"，笔者自身是在2005年6月前后的阅读中，有了一些理解的端绪。当时，笔者发表了论文（1）《"命"与"令"——对朱子"天命之谓性"的解释》（《东洋史研究》641卷1号）。

多年以来，我都对如下问题感到疑惑不解：朱熹为何会将《中庸》"天命之谓性"的注释"命犹令也"，以及《大学》"致知在格物"的注释"物犹事也"这两个类似的训诂，各自放在哪个位置呢，其意义又是什么呢？首先，关于"命犹令也"一句，正如第二部分第一章中介绍的，是自《吕氏春秋》文本中获得了启示而产生的理解，对此的分析集中在论文（1）中。而另一方面，对于"物犹事也"一句，即对于因没有理解所以暂时悬置的朱熹的"格物"解释,也开始着手进行解析。为慎重起见,先从《说文解字》中来确认"物犹事也"一句中"事"字的意义。正如第二部分第三章所示,在《说文解字》中明确记载有"事,职也"。在论文(1)的结尾处,笔者也获得了如下认识:朱熹通过将"天命之谓性"中的"命"换读成"令"字,将此种(在南宋朝廷中任职的民政官的)职务意识,置于万物(包括人在内的群生)在这个世上最初生来便带有的核心部位。"在《说文解字》中,当笔者看到明确记载的"事,职也"一句时,就意识到,朱熹对于"格物"的解释之背后,确然藏着"职"这一关键词。而在朱熹的哲学图景中,对于"天命之谓性"的注释"命犹令也",与对于"格物"的训诂"物犹事也",也与"职"的观念深深关联在一起。

在当年夏天,基于这一发现,笔者写成并发表了论文(2):《"事""物""事物""事事物物"》(《东洋古典学研究》第20集,2005年10月)。

接着,与朱熹的"格物"解释相关,又围绕着王阳明对于"格物"的解释,笔者发表了如下三篇论文。

(3)《"格物"的陷阱》(《阳明学》18号,2006年3月)

(4)《关于〈朱子语类〉中所见的"物事"》(一)(二)(《东洋古典学研究》21集、22集,2006年5月、10月)

(5)《朱熹"格物"理解的构造——关于"有物有则"的解释》(《东洋古典学研究》23集,2007年5月)

本书的第二部分,是融汇了以上这些论文中的见解而写成的。不过在本书中,也有很多新的见解。论文(1)到论文(5),

将会在改订后收入《朱熹哲学的视轴——续朱熹再读》（研文出版）一书中，于2009年出版。

在本书第二部分中，跳出由朱子学和阳明学而来的传统的解说套路，通过对"明""为""熟"等通常的词汇，一个一个地对其使用感受进行确认，以此来重读朱熹的文本。这一点是基于对笔者著作（6）《朱熹再读——对朱子学理解的一个序说》（研文出版，1999年）中成果的活用。

另外，在本书第一部分第一章和第二章中，探讨了朱熹思想的社会、历史背景，这一点是对于笔者著作（7）《朱子学的位置》（知泉书馆，2007年）中成果的活用。

自从笔者开始研读朱熹的文本以来，得到了很多前辈学人的恩惠，在此也想介绍给本书的读者。其中的著作有：

（8）吉川幸次郎、三浦国雄，《朱子集》（《中国文明选》第三卷，朝日新闻社1976年）

该书的改订新版，即三浦国雄的《〈朱子语类〉抄》（讲谈社学术文库，2008年10月）。该书对《朱子语类》的文本进行摘抄，一脱旧日"朱子学"的臭味，以介绍朱熹的生动言语为目标，是一本别开生面的著作。

（9）三浦国雄《朱子》（《人类智慧的遗产》19，讲谈社，1979年）

该书对朱熹的生涯进行了生动描述，摆脱了历来被崇拜放大的"朱子"形象，将他视作同为人类的人物，是一本力作。

对于朱熹思想的论述，有岩波新书的青版系列所收的：（10）

岛田虔次《朱子学与阳明学》(岩波书店，1967年)。该书有名著之称，现在的读者也经常阅读。该书具备明晰与全面的双重优点，是朱子学和阳明学入门书的必选推荐。为众多研究者提供了对于朱子学理解的出发点和基本框架。三浦的（8）（9）两著作，其思想分析的基础也是得自岛田。

（11）岛田虔次《大学中庸》(《新订中国古典选》四)，朝日新闻社，1967年)

该书基于朱熹的"章句"，也利用《朱子语类》等材料，详述了朱熹对《大学》《中庸》文本所做的解读。

以上两书（10）（11），是世人推荐的、在学问上有很高可信度的朱子学入门书。不过，如果要度量这两书对于我们在理解朱熹哲学上的功过，可以说其罪过是很大的。对于（10）中所描述的朱熹哲学的明晰要览，绝对不能因其明晰就囫囵吞枣。

（12）山田庆儿《朱子学的自然学》(岩波书店，1978年)

迄此为止，都没有论著充分讨论过朱熹"自然学"的全貌，而该书对此进行了明晰说明，因而得到很高评价。与历来依托于朱子学的独特用语、充满着稍微难解的哲学味道的诸多著作相比，该书大胆地换用了现代的分析性用语，进行明确的论断，是一个崭新的研究。

而日语学界中最新的朱子学概论书，可以举出：（13）小岛毅《朱子学与阳明学》(放送大学教育振兴会，2004年)。

该书对于朱子学中经常探究的主题，有着敏锐的论述，同时还有着教科书般的明晰度。

代　跋 ｜ 短短的回忆
　　——怀念木下铁矢先生（附：翻译说明）

最近，为了确定本书中的一些概念，我重新找出了木下铁矢先生在京都大学授课的材料。这些材料，大概是 2012 年参加木下先生课程时保存下来的朱子阅读资料，已经在文件箱中封存多年。拿出来后，数年前在京大文学部楼中参加先生课程时的景象，历历在目。木下先生还是站在课桌前，露出天真的笑容，偶尔讲得开心时，更是开怀大笑。然后转过身去，在黑板上随手写上几个词，或者在词间添上一些活泼泼的粉笔线条。

其实，我同木下先生并没有特别多的私交，只是在博士课程的前两年间，上过先生四个学期的朱子课程。后来，由于博士论文写作的压力，在向木下先生道歉之后，暂停参加。当时心里想着，待论文完成后，再去先生的课程上向他请教。但万万没想到，2013 年的冬季某日，当我在文学部图书馆打工时，突然有熟识的学弟告知我，木下先生已经去世了。听到这一消息后，我非常震惊，也十分后悔：震惊于木下先生正当壮年，怎么会突然去世，后悔于自己没能坚持参加木下先生的课程，更没能向先生多多请教。当时心里只剩一个念头：以后，再没有机会当面聆听木下先生关于朱子学的精彩阐述了。

木下先生的朱子阅读课，时间通常是在周二的第三节（至少在我上过的几个学期中是如此），地点则在文学部东馆的二楼或三楼的小教室中。我之所以参加先生的课程，是经由中国哲学史朋友的推荐。他说木下先生的朱子研究虽然不是学界主流，却非常有意思，于是我也便跟着去听。推门而入，几张白色的课桌拼在一起，为数不多的几位学生散坐其中。木下先生并不是站在讲桌前，而是坐在位于讲桌和窗户之间的课桌旁，与同学们一同阅读材料。讲着讲着，他便会站起身来，转过去在黑板上写些什么。记得第一次课，在自我介绍后，木下先生便开始解读课程的阅读材料，并非常直率地说出自己对于当前朱子学研究的批评。作为一个门外汉，我虽然也读过一点朱子学相关的书，却从未听到过如此直率的批评，顿感非常有趣。

随着课程的推进，木下先生在阅读材料的同时，渐渐为我们展开了一个全新的朱子世界。先生最为精彩的地方在于，他并不是以某一个外在的理论体系来"解释"朱子，而是从朱子本身出发，用朱子自身的词汇和语言来解读朱子的文本。每当读到某一个重要的词，木下先生都会随手拈出朱子在其他场合、其他文本中的相关论述，据此对该词的含义给出一个地道的解释。在木下先生的解读中，这些由朱子本身而来的词汇环环相扣，相互印证，共同构成一个贴近朱子本人的生动理解。听过几次课后，我非常激动，感觉自己在木下先生这里找到了一个真正的朱子。课程结束了，木下先生送给我一本他自己的小书，便是由岩波书店出版的《朱子》。当时我已经有一种冲动，希望能将木下先生对于朱子的有趣理解，介绍给国内的朋友们。随后的几个学期，我都坚持参加木下先生的中国哲学史读书课，中间虽也曾因事缺席，但每周一次的朱子阅读，一直都是令我期待的快乐时光。其实，木下先生的课，参与的学生并不多，有时候甚至只有一二人。此时，课堂气氛便更加轻松自由，木下先生也更加"口无遮拦"，对我们直抒胸臆，讲了很多他自己的研究体会以及对学界主流的批评。其中印象深刻的有一个"写真"（照片）比喻，木下先生说，理解朱子的思想，要特别注意其微妙处。正如"写真"，看似拍摄的东西都差不多，但稍微一点点位置变化、光线变化、角度变化，都可能造成整体氛围（对于朱子的整体理解）的差异。这一比喻令我至今记忆犹新。可惜，2013年后，我便再没有机会参加木下先生的朱子课程了。

2017年，正值博士毕业前夕，有朋友告诉我三联书店计划翻译出版《朱子》一书。冥冥之中，我突然感觉又有某种缘分，将我与木下先生联系在一起。于是，我主动要求承担本书的翻译工作。虽然并非自己的本专业，但我仍希望能尽己所能，将木下先生的这本小书翻译出来，介绍给国内的朋友们，也作为自己对先生的一个纪念。木下先生若泉下有知，应该也会很开心地笑出声来，然后直率地指出我在翻译中的不足之处吧。

最后，还要感谢在翻译过程中给予帮助的诸多师友。其中有师友帮助确定了关键译词，也有师友帮助通读整书译稿，在此不能一一列名,特为致谢!

凌鹏于北京

2021年6月

附:翻译说明

木下铁矢先生对于概念有着非常细微的辨析,本书在语言上即涉及到三类言语背景:第一类,中国古代汉语中的词汇;第二类,日语中的汉字词汇;第三类,日语中的假名词汇。在木下先生的理解中,三类词汇互相之间都有着某种微妙共同点与差异点,例如文中的しごと(职事)与仕事(工作)便有着明确区分,又有着实际的关联。再比如,本书的书名原为『朱子:「はたらき」と「つとめ」の哲学』(直译应该为《朱子:"功用"与"职责"的哲学》,出版时考虑到中文读者的阅读习惯,而改成了现在的书名),木下先生没有使用朱子学中的汉语词汇,而是选择了"はたらき"和"つとめ"这两个假名词汇,正意味着他要从当代日本人的感受出发,来尝试着阐述对于传统朱子的理解。

而当译者要将这部书译为中文时,则在此三类言语背景之外,又必须加上新的一重背景,即现代汉语。同时,现代汉语同古代汉语之间,又有着重要的延续与差异。所以在翻译的过程中,词与词之间的异同更加微妙。下面,对于在翻译过程中的几个重要词汇的译法，做一点说明，希望能够尽量传达木下先生在本书分析中的精妙之处。学力不足之处，还请读者指出。

はたらき：功用。在本书141页"此以下，复以天地明至诚无息之功用"一句中的"功用"一词，作者在原书中标注的日文假名便是"はたらき"。在现代日语中，はたらき有工作、功劳、功能等含义，而在本书中，更指由天所赋予的功用。

はたらく：作用。此处的作用，其含义是功用（はたらき）的动词。不过因为在现代汉语中，功用更多是作为名词，所以在此改为"作用"。这里的作用，不是名词，而是动词，意味着"实施机能"，"发挥作用"的含义。

つとめ：职责。与朱子文本中使用的"职分"一词相比，职责更加具体一些，在本书57页中，有职分与职责（つとめ）相互区分的情况。

つとめる：履行职责。

しごと：职事。与职相关的事。在有的情况下，例如身体器官的"しごと"，著者也直接用"事"来对应。

仕事：工作。作者将しごと与仕事进行了区分，しごと指的是与职相关抽象的事情整体，而仕事则是指更加具体的工作。在本书75页，有职事（しごと）与工作（仕事）相互区分的情况。

わたし（我）、われ（吾）：前者是更加个体性的自我，而后者则更加带有类的含义，可参见本书105页注释。

もの：外物。

職務条項：职务条规。